为我祈祷

[为我祈祷] 运动

为下一代祈祷

要素指南

Tony Souder

托尼・苏德

Read Avenue Press

CHATTANOOGA, TN

目录

本书献给我的妻子罗兰达。

没有人比她更爱我，更多为我祷告！

致 谢

首先，我要感谢我的三个最大的粉丝：我的妻子罗兰达，和我的双胞胎女儿艾比和伯大尼。你们的鼓励、爱和笑声，是耶稣的三个最好的礼物，帮助我持续到底。谢谢你们!

因为这本书是关于使得下一代在他们成型的年月里有所不同，我想特别提到三对优秀的夫妇，在我作为一个信徒成长过程中，在我看·品味·分享耶稣的过程中所起的作用。欧文和巴巴拉·拉普敦在介绍我认识救主过程中起了决定性的作用，并且在初期投入无数个小时训练我做门徒。鲍伯和珍·艾绮思从我大学的年代起接我进他们家里，爱我视如己出。他们的家就是天堂。这两位将我这个年轻人浸泡在耶稣的甜美里，我的灵魂在那里得到安稳。我还想谈谈刘易斯和德兰纳·贝克，他们的灵魂都已经与爱他们主一起享受着天堂的奇妙。他们在北卡乡间教会对耶稣、对年轻人的委身，超过五十年，产生出一群荣耀上帝热爱耶稣的人。他们以祈祷为支柱的生命将永远在我生命中留下印记。

我还想花时间感谢那些帮助使这本书成为现实的

人。感谢所有阅读、回馈和帮助修改的亲爱的朋友们，你们的帮助使教会得到了更好的资源。谢谢你，沃克（Corrie Walker），博亚学院沟通交流的专业人士，为此书提供了卓越的重要编辑。特别感谢梅甘（Megan DeMoss），我相信他是上帝为这样的一个时刻兴起的。你对整个项目的贡献是来自上帝护理的一个明证。你一直是这个项目里的明星。

最后，我想感谢所有所有使查塔努加青年网络自1994起得以服侍我们地区的青年事工的人。你们知道我说的是谁——我们的财政合作伙伴，董事会和工作人员，过去的和现在的。感谢你们使二十年的有效事奉成为可能。还要感谢成千上万有偿的和志愿的青年领袖，他们忠实地服事我们地区的青少年。愿你的族群加增！

序

———————————————————————

［为我祈祷运动］根本上是关于教会以一个自然和可持续的方式将耶稣基督的奇妙大能传递给每一个新兴代。不幸的是，我们从全美国研究了解到，美国教会这方面努力的有效性正面临着挣扎。根据 Sticky Faith 的研究，青少年从教会流失的比例为：

优秀的青少年团契和家庭里，40-50%的学生高中毕业后离开上帝和教会（卡拉鲍威尔博士和克拉克博士[Zondervan：2011]）

一些研究人员说，到29岁时多达80%的人会离开。大量的年轻人从教会流失有复杂的原因，但所有那些仍然与教会连接并信仰蓬勃发展的人，有一个非常明确的共同因素：他们有一个或多个成年信徒有意识地投资于他们的生命。鲍威尔博士特别提出Sticky Faith的克拉克博士在这点上的出色：许多儿童和青少年事工部说他们希望主日学班级或小组成人孩子的比例是1:5，（这意味着每五个孩子有一个成人）。如果我们把它反过来呢？如果我们说我们想要成人与孩子的比例是5:1呢——每个孩子有五位

成人关心？……我们正在谈论你招募五个成年人，以少量、中等或大量的方式，投资在你的孩子身上。（第101页）

全国宗教和青年研究，以及全本圣经经文，都指出成年信徒在对下一代颂扬上帝的伟大方面不可替代的作用。

诗篇145:4说"这代要对那代颂赞你的作为，也要传扬你的大能。" 诗篇71:17-18说"神啊，自我年幼时，你就教训我；直到如今，我传扬你奇妙的作为。神啊，我到年老发白的时候，求你不要离弃我！等我将你的能力指示下代，将你的大能指示后世的人。"这两段经文都很清楚地说到成年人必须，以群体或个人的方式，向下一代颂赞上帝的伟大。但尽管我们知道在圣经里和全国性研究中的这个事实，我们仍然在激励成年信徒有能力有效地向下一代颂赞耶稣方面，有令人难以置信的困难。

这是［为我祈祷运动］的由来。［为我祈祷运动］的目的，是让更多的成年人在这重要的事上自然地与更多的青少年关联。这个计划是为了帮助教会里的每一个青少年，邀请三个不同年代的成年信徒成为他们一学年的祷告支持者。这些祷告支持者将使用这本书，使他们整个学年期间能够有效地为他们的学生祷告。

为什么找三个不同年代的成年人？如果他的团队中只有一个人的话，很少有人能在生活的任何方面蓬勃发展。我们的愿望是，每一个青少年都会有一个能代表基督整个身体的祈祷支持者团队。我们相信，当我们可以从每一代人那里品尝到耶稣的甜美时，真实信仰的传递是最有效的。

［为我祈祷运动］是推动每一代成年人有意识地开始以一种自然的方式投资青少年生命的一个战略步骤。我们采取了最基本的基督徒行为——祷告，并使它成为世代之间的连接点。我们已经无数次看到，祈祷提供了一个简单而无威胁的方式，发起跨世代的关系，同时也创造了一个超自然和持久的纽带。愿上帝喜悦，在祂普世教会建立起一个庞大的跨越世代的关系网络。愿我们为下一代提供耶稣美好大能的清晰图画的有效性增加百倍。感谢你在这宏图伟业中的参与！

神的子民之所以能夠取得成果，乃在於神事前将祷
告的灵浇灌在他们身上。当一个大型的祷告运动在
我们中间运转之际，正是神显示祂将要在我们当中
施行大能的最佳明证。

-- 约翰比伯 John Piper --

简介

一个邀请

在我十七岁的那年，我接受了耶稣基督作为我的个人救主。我还记得，刚成为基督徒的头几个礼拜，每次我步入教会，好些成年人总重覆地表示，他们为我的受洗而感到高兴，又述说出他们曾不停地为我祷告。对于他们所说的，我根本摸不着头脑，也许是因为我是一个来自非基督徒家庭的初信新葡。每次当我在思量他们为我所作的代祷时，有几个旧记忆很清晰地浮现心间。首先，我很惊讶，对于这一班人，毕竟我都只不过是一个陌生人，但我居然能够在他们的心目中占一席位。更令我吃惊的是，他们愿意摆上时间为我祈祷。又叫我总不能忘记的是，我起初的惊讶是如何被这班成年人浓厚的关爱完全溶化。是他们的甘心乐意为我祷告，是他们处处对我的关顾，这一切诚然改变了我人生的路向。当时我虽然很年轻，但我真知道我所领受的是一份莫大的恩惠，而我很喜欢这份恩惠，由衷地喜欢！这恩惠福源自基督的身体，内里包含着一群认识神的人，一群愿意我也去认识神的人。神悦纳属祂的人的祈祷，无论公祷或私祷去改变世界、去改变一个像我这样的一个青少年的世界。

我们诚意邀请你，也为你预备了一份难以置信的礼物。一位青少年已打开他生命之门，邀请你进入他的生命，邀请你为他祷告。借着这个邀请，一道无形的桥梁就在你和他中间搭成。因着你的接纳、承诺，你可以毫无阻隔地横过这道桥梁，自然而然地与这位青少年产生联系。这本祷告手册旨在帮助你去达成你的承诺，成为他们的祷告勇士。也许你仍未觉得自己是一个祷告勇士，但你若乐意接受他们的邀请，为他们祷告，已足够肯定你确实是一位祷告勇士了。这本祷告手册会指引你如何祈祷，求神供应他们、保护他们、与他们同在，以及神在他们生命中所立下的旨意。但凡我们开始为别人作这样的祷告时，奇异的事也同时会在我们身上发生，我们的心会多看重神的旨意和别人的需要。这样，除了为他们祷告以外，我们开始更体贴别人，使他们得着祝福和鼓励。这本手册也是基于这个概念而设计的。我们盼望，当你为下一代以经文祈祷时，你的祷文让你得着满溢的喜乐。我们也极其盼望，如果神真的指引你在他们生命其他方面都作出额外付出时，你会立时应声说：「我愿意！」我们深信，神的恩惠伴随着属祂的人的祷告而来，愿神的恩惠涌 现。

「你会为我祷告吗？」这个极其简单的请求，往往不被重视。我想说的是，每当有人要求我为他们代祷，我总以为我已掌握到他们每一个请求的逼切和实在，其实这并不真确。真正遗憾的是，我有时候也没有为代祷的请求作再三思量。庆幸地，有一天我对祷告的认真忽然改观过来。那一天，我妻子在纽约长岛市刚做完手术，而我就在医院内一个房间坐着等候。这天，我没有刻意寻求这个改观，我一直只在意着自己的事情。正当我在阅读马太福音第七章7－12节这一段熟稔的经文时候，神就把我迷糊的眼睛打开，叫我睁然看到一个我以前屡次忽略的真理。

> 「你们祈求，就给你们；寻找，就寻见；叩门，就给你们开门。因为凡祈求的，就得着；寻找的，就寻见；叩门的，就给他开门。你们中间，谁有儿子求饼，反给他石头呢？求鱼，反给他蛇呢？你们虽然不好，尚且知道拿好的东西给儿女。何况你们在天上的父，岂不更把好东西给求他的人么！」（马太福音七：7－11）

我深信你也熟悉接下来的这句金句：「所以无论何事，你们愿意人怎样待你们，你们也要怎样待人，因为这就是律法和先知的道理。」（马太福音七：12）但你也许会感到讶异，这被视为待人接物的金科玉律，竟然是接续上面以祈求为背景的经文而出现。是的，主耶稣竟然让这金句成为祈求的高潮。这段经文本来是细述迫切、持久的祈求，所带来必蒙应允的盼望。然而在此，主耶稣却是要我们知道：我们愿意人怎样为我们祈祷，我们首先要以同样的迫切冀望为他人祈祷。这就是我多年前在医院一个房间里所得着的金科玉律。愿借此一金句帮助你祈祷，尤其是当你为你的子女儿孙和教会的青少年祷告时，这金科玉律会为你的祈求带来热切冀盼的动力。

「为我祈祷」运动的主题关乎盼望，尤其是青少年在神伟大的丰盛里可寻得到的盼望。每个世代的人，都需要在神里面寻求得他们最大的盼望、满足和喜乐。这个运动旨在协助你，如何透过祷告，给青少年带来盼望；借着祷告，让圣灵维系并坚固我们与神之间的相互关系；让成年信徒为下一代年轻的信徒祈求，求神供应他们、保护他们、与他们同在；在他们生命中定立旨意。这运动有以下三个目标：

1. 借着属神的人的祷告，帮助下一代看见及细味神伟大丰盛。

2. 帮助成年信徒看重祷告勇士的职责，着意地为下一代摆上时间、心思和祷告。

3. 创设一个<<代代相传>>的关系网络，促使两代之间能分享神的伟大丰盛。

概述

策略性祷告

市面上有很多书籍，教我们怎样去为别人祈祷。这本书跟他们又有什么区别呢？首先，这本书是著眼于为下一代祈祷而写的。更加重要的，这部指南让你的祷告清晰一致，贯彻集中。而这本祈祷指南，是由以下三个重要部份互相组合而成。

- 以经文祷告
- 七个要素
- 「眼看、细味、分享」三部曲（S3）

以经文祷告

这祈祷指南是以圣经真理作为基础。圣经就是神的话语，因此带有权柄，在我们的祷告中，赐给我们生命的力量。借着这本手册，你可以学习怎样以经文为祷文为下一代祈祷。以经文为祷文是其中一种最有权柄及能力的祈祷方法。现在，我们可以借着查考经文，来回想神所给我们其中的一些应许。

神的话语

- 赐生命 （诗篇119：25，107）
- 加添力量 （诗篇119：28）
- 守护我们远离罪恶及保持洁净 （诗篇119：9，11）
- 创造及维持宇宙 （诗篇33：6，彼后3：5，希1：3，11：3）
- 创造属灵的生命 （彼前1：23，雅各1：18）
- 能拯救我们的灵魂 （雅各1：21）
- 是活泼的、有功效的，连心中的思念和主意都能辨明 (希4：12)
- 使人信主 （罗10：17）
- 教训、督责、使人归正，教导人学义 （提前3：16）

这些段落，让我们能借着神话语的大能和权柄尝到主恩的滋味。

值得我们关注的是，这本「为我祈祷」祷告指南引用了世上最有权能的话；就是以神的话语，用作我们为下一代祈祷的灵丹药引。使徒保罗形容圣经为圣灵的宝剑。我们从希伯来书4：12节就知道：「神的道是活泼的、是有功效的，比一切两刃的剑更快。甚至魂与灵、骨节与骨髓，都能刺入剖开；连心中的思念和主意，都能辨明。」无论我们手写、口说或默默地向神祷告，神都会用他的话来更新我们的心。在这祈祷指南中，我会致力让圣经的真理，作为我们祷告的灵粮。我们会按着与「七个要素」相关的经文来为下一代祈祷，让这些祷文成为赐生命力量的祷告。

效法诗篇中诗人的祷告

一本以经文为中心的祈祷指南，是很难不会取材于先知的祷文及诗歌的。故此，我们会竭力从诗篇中找出重点，把经文转化为祷文。诗篇多次、多方向神呼求，而诗句里所包含的坚忍和真诚，展现出清晰、诚恳、迫切和直接性。现在让我们从诗篇119篇的几句经文里，一瞥诗人的祷告是何等的直接和依靠主。

- 求你用厚恩待你的仆人 （17）
- 求你开我的眼睛，使我看出你律法中的奇妙 （18）
- 求你除掉我所受的羞辱和藐视 （22）
- 求你照你的话，将我救活 （25）

- 求你将你的律例教训我 （26）
- 求你使我明白你的训词 （27）
- 求你照你的话使我坚立 （28）
- 求你使我离开奸诈之道 （29）
- 求你不要叫我羞愧 （31）
- 求你赐我… （34）
- 求你叫我… （35）
- 求你使我的心… （36）
- 求你叫我转眼… （37）
- 所应许的话，求你向仆人坚定 （38）
- 求你使我所怕的…远离我 （39）
- 愿你照你的话，使你的慈爱… （41）
- 求你叫真理的话，总不离开我口 （43）
- 求你纪念… （49）
- 我一心求过你的恩…（58）
- 愿你的慈悲… （77）

以上的诗句，很明显是祈求神去作工；以诗人的身份代求，祈求神恩惠的帮助。当我们以经文为祷文为下一代祷告时，我们实在是代他们向神作出呼求。为我们的下一代着想，求满有恩典慈爱的神介入，赐恩惠给他们。求主使我们在祷告时，或在向下一代传扬他的伟大时，有颗努力不懈的心；又在我们关心和爱护他们之时，求主软化他们的心；赐他们信心来回应神的真道，并接受我们成为他们的祈祷勇士。

七个要素

这本祈祷手册是围绕着我所讲的七个要素所构成。我认为这七个要素是生命之本，借此我们留心怎样在神、在人面前忠诚地过活成长。

这七个要素直接源于两段圣经，其重要性质渗透着整本圣经。首两个生命素质是智慧和恩惠，出自路加福音2：52「耶稣的智慧和身量，并神和人喜爱他的心，都一齐增长。」这不难明白，耶稣需要在智慧和恩惠中成长，皆因神子取得人的样式活着。但奇异的是，路加确保我们知道，耶稣是在智慧和蒙恩宠中成长的。其实路加可以描述耶稣的任何一方面，但他刻意向我们指出，是在智慧中成长，是蒙神和人所喜悦的重要原素。那就是说，即使是神的儿子，这些也是必须的。既然，在智慧和恩惠中成长，对神自己的儿子也是这般重要。那么无可置疑地，这两个生命素质对我们也是同样重要的了。

另外五个生命素质在提前4：12 说：「不可叫人小看你年轻，总要在言语、行为、爱心、信心、纯洁上，都作信徒的榜样。」重点在于保罗并不是随意地对提摩太说出这些话语，他实在是向提摩太提供一些，作为信徒典范须注意的范畴。这些简单、精确的引导，对提摩太来说，都是关键的训话。这些范畴对今日我们来说，仍是十分重要。

基于七大生命素质的个别功能和特质，这部祈祷指南归纳它为三个范畴：

- 蒙恩宠的基础：恩惠
- 四个生命核心素质：智慧、爱心、信心和纯洁
- 公共关系配对：言语和行为

恩惠为基础

当我写这篇文章时，一枝408尺长的尖塔，正被安置在世界贸易中心的一座大楼顶部，令它高达1,776尺之高，使它成为整个西半球最高的建筑物。它的建造，壮观地屹立在曼哈顿的天空中。正当我们欣赏着这么宏伟的建筑时，又可会联想到它的地基呢？根基是很容易被人遗忘的，但他们绝不可以被省略。同样，我们时常忘记神的恩惠就是我们生命里的基本。这本是个强而稳固的根基，可

惜在这个高估自己更新的世界里，我们很容易忘记我们实在是全然依赖着祂的。试思想神在你身上所作的、或借着你而作的、又或为了你而作的恩惠时，我们便能从他的供应、保护、同在及旨意中，看见神的恩惠和保守。

> 「爱子是那不能看见之神的像，是首生的，在一切被造的以先。因为万有都是靠他造的，无论是天上的、地上的；能看见的、不能看见的；或是有位的、主治的、执政的、掌权的；一概都是借着他造的，又是为他造的。他在万有之先；万有也靠他而立。」（歌罗西书1：15-17）

我们之存在全然是神的恩惠，借创造和基督托住万有而来的结果，这也是其他六个生命素质的基础。究竟一个青年须要怎样，才能领略到他们的生命里有神的恩惠呢？我认为他们必须要用眼睛去看、耳朵去听、存着谦卑的心去明白，以及乐意接受神给他一切的恩典。我们要为他们能建立一个谦卑的态度而努力祈祷，好让他们借着神的旨意，能看见神的恩惠的供应、保守以及同在。

四个生命核心素质

我称智慧、爱心、信心、和纯洁为四大核心，因它反映出我们内心的状态，表现出我们究竟是一个有什么质素的人。首要的，是在以下四方面，我们需要神敞开他的恩惠和恩慈。我们需要：

1. 智慧 --- 那些需要我们用祷告来托住的年轻人，每天都会做出一些影响他们余生的决定。我们盼望神会悦纳我们的祷告；增加他们的智慧，使他们能作出良好的决定。但当他们作了错误的决定时，平抚他们的悔意。当我们为下一代求智慧时，应以圣经箴言及主耶稣的为人作参照。箴言着重提供「使愚人灵明，使少年人有知识和谋略。」（箴言1：4）在歌罗西书2：3，保罗说：「所积蓄的一切智慧知识，都在他（耶稣）里面藏着。」当我们为年轻人能与耶稣建立更深的关系而祷告时，我们也同时为他们需要深层的智慧而代祷。

2. 爱心 --- 神是爱。 （马太福音22：37 – 40）爱神和爱人，正是律法 和先知一切道理的总纲。耶稣对他说：「你要尽心、尽性、尽意爱主 - 你的神。这是诚命中的第一，且是最大的。其次也相仿，就是要爱人如己。这两条诚命是律法和先知一切道理的总纲。」改造我们的是爱。因此，在以弗所书（3：18-19）使徒保罗专注为信徒祈祷：「能以和众圣徒一同明白基督的爱是何等长、阔、高、深，并知道这爱是过于人所能测度的，便叫神一切所充满的，充满了你们。」

3. 信心 --- 信心是蒙神的恩惠所赐的。「你们得救是本乎恩，也因着信，这并不是出于自己，乃是上帝所赐的。也不是出于行为，免得有人自夸。」（以弗所书2：8-9）因此，我们因着信才有得救的指望。信心又是绝对的原素，方能讨神的喜悦。希伯来书（11：6）说：「人非有信，就不能得神的喜悦；因为到神面前来的人，必须信有神，且信他赏赐那寻求他的人。」

4. 纯洁 --- 内心纯洁的人，必有恩惠慈爱随着他。当我们一生寻求一个纯洁的生命时，神会赐我们异像看到他。马太福音（5：8）说：「清心的人有福了！因为他们必得见上帝。」当我们为下一代祈祷时，我们必须寻求神的恩惠，使他们在智慧、爱心、信心和纯洁上得以长进。

公共关系配对：言语和行为

我很喜欢看由国家地理杂志录制的获奖特辑。他们清晰的捕捉了自然界的境物，画面非常壮丽。我特别记得一张接近南极圈，位于佩尼奥岛（Pleneau Island）对开，佩尼奥湾（Pleneau Bay）中一个冰山的图片。那图片是用了分割图像技术，来捕捉冰山在水平线上和水平线下的影像。它把「冰山一角」的句子，具体的浮现在我们的眼前。科学家指出因为冰的密度关系，只有百分之十的冰山浮在水面，才让我们能看到；其他大部分的山体，都藏在水面底下。当你细想一下，我们其实和冰山很相似。我们身边的人，从我们的言语和行为，来认识得到我们的百分之十；但我们还有很多的资料是「藏在水面底下」。某程度上，我们的言语行为，就像高科技的活动广告牌，向经过的途人发出讯息说：「这就是我们！」和「我们就是这样的人！」好像所有的广告牌的讯息一样。我们的言语和行为，只能粗略地显出我们内里是个什么样的人。它给了提示，但并不能说出整个故事，它们只是冰山一角罢了。

言语和行为往往是用来向「公众」展示我们是个怎么样的人；或基本上，我们在内心希望令别人相信自己是个什么样的人。我们的智慧、爱心、信心、和纯洁都藏在我们的内心，然后流露到我们外在的言语和行为上。这正是我们作为基督徒在生活上要正视的情况，我们实在不能轻视言语和行为的重要。目的是要让我们所说的和所做的，都能准确地反映内在的真我。此外，从我们的言语和行为，会使世人认识到一个或清晰的、或含糊的神。神造我们，好使我们的嘴巴和生命彰显他的伟大和慈爱。

我想用两个简单的问题来挑战你们；为的在引导你们于言语和行为中，能成为一个真正的基督徒。这些问题会直接照亮你的心扉；引导你怎样把生命全然交托主、倚靠主！

1. *我是否只有表面功夫，欠缺真心呢？* 神对我最大的渴望，就是我们能尽心、尽性、尽意、尽力去爱他，以及爱人如己。这个问题会道出了我们的虚伪；假装着神是我们的至宝，但却贪恋世上的情欲。耶稣以最严厉的言词来谴责那些口中常赞颂他的，心里却远离他的人。让这问题唤醒我们，催使我们的心能被神和他的大能所深深的吸引。

2. *我有没有使我的言语和行为达到属灵成长的目的呢？* 我们的言语和行为有几个目的 --- 与别人沟通，让别人认识我们和我们的立场，以及达到自我沟通的目的。你可有细心倾听自己的言行，是否正在道出你内心属灵的境况呢？作为基督徒，我们有圣灵住在心里，常常提醒我们：我们的言行是出于自己还是出于神。因此，我们必须听从圣灵的指导和劝戒。我们一定要小心，不可抵挡或消灭圣灵在我们内心的工作。当圣灵光照我们的罪孽和虚妄时，我们必须听从祂，靠着祂的大能认罪，脱离罪恶。这是我们效法主耶稣式样的关键方法之一；也正是神对我们生命的最终目的。

眼看、细味、分享

门徒成长三部曲

现在进入这本祈祷指南的第三个组合部份，在此让我介绍一个简单的步骤，来帮助你成功的与主同行；那就是「眼看、细味、分享」门徒成长三部曲 S3。在过去的十几年，S3 成为了我与神共处的生命旋律，我愿意以此鼓励你也把握这方式与神共处。首先，我要说一说这 S3 门徒成长三步曲的起源以及它的价值和必要性。我在1978年开始成为基督徒，在1995年3月，神带领我和我妻子报读了一个灵命成长的精读课程。在这段期间，我太太患了严重的偏头痛症。在往后的十八年里，她接受了三个大手术和经过全国超过50个医生的诊治，这不但没法把她的痛苦减轻，反而扩散引致肌肉及骨骼剧痛，使我俩渡过无数个痛苦、哭泣的夜晚。

我们尝试了所有西方的、东方的、传统的和非传统的医疗方法。而从基督徒属灵的角度上看，我们在人和群体的层面上，努力去经历圣经所指的全面性祈祷和医治。也就是因为经历了这漫长的煎熬苦难，迫使我用了一个新的方式去学习与主同行。假若我们事事顺畅，任何人都能轻易地为主而活，但这不是我个人的经历。我是不断被苦难挑战到极限，当时就是凭着这 S3 门徒训练三部曲，让我渡过一个个的难关，灵命得以保守。感谢主！期望你不需要经历超过十八年的苦难，才开始看见到、体味到、分享到神在你四周围施下的丰盛恩典。你今天就可以开始这三个步骤了。 S3是一个在我们生命中，定意地去寻求神的方式；也是一个令人雀跃的方法去与主同行。同时它激发我们，使我们无论在任何境况下，都能对人和对神充满爱心。神希望我们能在生命每一个境况中，都能看见到他的良善、恩慈、怜悯、信实和爱护。当神让我们看见他在我们生活中显示他大能时，我们要完完全全地用感恩、赞美和崇敬的心去意味体会。而在我们心中洋溢着主恩滋味的时候，我们便自然地能与别人分享了。 S3这三个步骤让我们的灵魂苏醒，如同身体吸入了氧气，充满生机。S3能成为你生活中与神相交的美妙旋律。

S3三步曲三个有力的核心事实：

1. 所有神的作为都是美善的。因此，我们应仔细体会所看见的神，他现在所作的和他从前所成就的，都要细味并与别人分享。
2. 我们能在圣经、日常生活以及一切的造物中，看到神的伟大和美善。
3. 圣经是唯一的可靠来源，能让我们认识神的真道，了解他在我们生命里，以及在世上的作为。

眼看

三步曲S3的第一步，是要看见神的伟大善美。我们周围随时都能看到神伟大的属性和作为。神渴望我们看见他在各方面所彰显的大能。他希望我们的心思意念都能被他的圣洁、公平、公义、全能、智慧、良善、恩慈、信实、温柔和爱心所吸引融会。祂的奇异作为是没有穷尽的，当我们和神的关系停滞不前时，并不是因为他不够伟大，不能吸引我们敞开心怀。而是我们对他的全然美丽善视而不见，一如瞎子巴底买，孜孜的寻找耶稣，来帮助他恢复视力。（马可福音10：46 - 52）故此，我们也要用心去恳求神赐我们属灵的眼光，看到他在我们周围一切的大能美善。若要看见主的伟大，以下一些事实是我们必须紧记的。

- 我们从圣经、日常生活及创造的万物中看见神的伟大。

- 神会赐我们能力，使我们能够看见、听见以及明白。所以我定要恒久向神祷告，求他赐我们眼睛去看、耳朵去听以及心灵去明白，并且行出他要我们在这世界应该奉行的旨意。

细味体会

S3的第二个步骤就是从圣经、生命和创造中，去体会神的大能。细味体会是我们内心经历到神之后的回应。意味体会神对我们灵命成长是很重要。因为这表明了我们正在享受和喜悦神以及他的伟大美善。意味神帮助我们不只远离单单头脑上对神的认识，体会驱使我们个人进一步去认识主耶稣以及他所关心的。体会神也帮助我们更加亲近神，因为「慢咽轻尝」实能扩阔了我们的心胸，使我们更加爱主。以下是一些关于体味神伟大恩典必须紧记的：

- 体味神是必需的。因为我们往往都积极地、锐意地去追求自己所爱的。

- 体会需要时间。我们必须把脚步放缓，去思想我们所看见过的。

- 感谢、愉悦和珍惜是学习体味的必要元素。
- 回味一下，在何时、何地你曾看见神在你生命中临在、保护和供应你。

传扬分享

假若我们看见过神的伟大并尝过主恩的滋味，很自然便会乐意地去跟别人分享。其实，分享扮演着两个使我们灵命结果子的角色。第一、分享使得我们曾经见过及尝过的喜乐变得完满。当我们看到一些令人雀跃的事情时，我们会立刻去跟别人分享。分享就正是我们经历了很多神的恩典大能后，所享受的最终成果。第二、跟别人分享能帮助我们了解心之所向。我们通常自然而然地讲述所喜爱及享受的事情。 S3就是帮助我们从眼见、体味、以至分享这三个步骤，来加深我们对神的爱和愉悦。以下有几个关于分享必须紧记的地方：

- 留意你们平常说得最多的是什么？这能使你洞悉到是什么盘踞了你大部份的心灵空间。这个做法的目的，是希望你开始能在你生命中，看见到神的伟大以及尝试到主恩的滋味，因此乐意地跟别人去分享。
- 在你开始与别人分享前，鼓励别人去参与讲述：他们自己在那里曾亲眼见过神的作为。大部分的人都会认定他们一生中，在某时或某处曾经经历过神的作为。

- 好好的预备去跟别人分享你生命中怎样经历过神的恩典。分享能深化你在基督里与神的关系。腓利门书1章6节说：「愿你与人所同有(互相分享)的信心显出功效，使人知道你们各样善事都是为基督做的。」这是一个极美好的鼓励和应许呀！换句话说，我们每一次鼓励别人去分享他们怎样经历神之时，其实我们只是提供了一个渠道去建立他们的信心。故此，放胆跟别人分享吧！也同时邀请别人去分享，不要犹豫！

这本祈祷指南所介绍的门徒成长三部曲S3，旨在把一些关于比较抽象的真道，带入你们现实的生活中。当我们为下一代祈祷时，紧记是为一个异象祈祷，愿他们能被神的大能美善降服。一周七天中，我们会顺序以七个要素祈祷，使用S3这三个步骤来帮助我们清楚集中祈祷的焦点。愿主的恩惠慈爱使我们能从圣经、生活和万物的创造来看到及尝到他的大能，借此能装备自己，分享、传送给下一代。让我们一起来祷告，求主大大降福，使我们的下一代能蒙受他丰盛的恩惠。

把你的祷文个人化

　　在你使用这本指南来开始你的祈祷历程时，请谨记把祷文个人化。书内每一个祷文都会用上众数，方便你能同时为几个人祈祷。我们都易于倾向把祷文死记硬背，请你尽量避免这样，应该浸淫在字里行间，细想其中含意，并且尽情发挥，加强你向恩主所献上的祈祷馨香之祭。

第一周

每周七天七素质

　　每天你为你学生祷告的目的，就是让你可以有一个明确又崭新的机会，在经文里与神契合。你会发觉每段祷文里，都是用复数名词，因此你可以为多人祷告。我们期望你不仅为你的学生，也为其他那些主放在你心里的人而祷告。

　　透过S3（眼见、细味、分享）生命事工模式，每日引导你看见、体会和分享神全然的丰盛。"眼看部份"指的是圈出一段你觉得对你有特别意义的经文，然后在为你的学生祷告时，细细"体会"真理。最后，你把"看见"和"细味"阶段里的感想记录下来。我们期望你与别人分享这些心路历程。

　　在你开始每日祷告部分之前，请查看 第117页附录里的"与青少年交流的十个技巧"。这部分提供了，你与学生自然而有效地建立关系的实用方法。

第一天：恩惠

父啊！求祢开我的眼睛，好使我更清晰看到祢，更透切
地细味体会祢，并更释放地传扬分享祢！

请你看为重要的字句圈起或间线：

*耶和华阿！尊大、能力、荣耀、强胜、威严都是祢
的；凡天上地下的，都是祢的；国度，也是祢的。
并且祢为至高，为万有之首。丰富尊荣都从祢而来，
祢也治理万物。在祢手里有大能大力，使人尊大强
盛都出于祢。我们的神啊！现在我们称谢祢！赞美
祢荣耀之名。（历代志上 29：11－13）*

请在以下一段为你和你的学生的祷告中，体会个中真理：

天父啊！祢是伟大和配得赞美的。我祈祷＿＿＿＿＿能
明白、接受祢的恩惠，常常赞叹祢的伟大美善。唤
醒他们的心灵，来理解体会祢恩手流出的美善。当
他们仰天，让他们知道天是属祢的！当他们顾镜自
览时，让他们知道他们也是属于祢的。在他们的一
生中，建立起对祢和祢恩慈供应坚定的信赖；使他
们信服祢是厚赐万物的主。当他们思念祢荣耀的名
时，让他们充满赞美和感恩。愿祢得着荣耀，他们
得着造就。奉主得胜的名，阿门！

写下你想与人分享的感想：

第二天：智慧

父啊！求祢开我的眼睛，好使我更清晰看到祢，更透切地细味体会祢，并更释放地传扬分享祢！

请你看为重要的字句圈起或间线：

求祢指教我们怎样数算自己的日子，好叫我们得着智慧的心。（诗篇90：12）

耶和华啊！求祢叫我晓得我身之终！我的寿数几何？叫我知道我的生命不长。 （诗篇39：4）

请在以下一段为你和你的学生的祷告中，体会个中真理：

天父啊！不知不觉时光飞逝！我为＿＿＿＿＿＿祷告，求祢帮助他们意识到每个时刻是何等的宝贵；教导他们细味体会每天都是从祢而来的恩典；帮助他们每天都活得有意义、有目标；引导他们明白他们的作息存留是倚赖祢的保守；帮助他们意识到生命在流逝，以至他们寻求忠心跟随祢。赐给他们对生命长远的眼光，好让他们瞬息间可以作明智的决定。提醒他们那为主而活的生命，才是最完满丰盛。愿祢得着荣耀，他们得着造就。奉主得胜的名，阿门！

写下你想与人分享的感想：

第三天：爱心

父啊！求祢开我的眼睛，好使我更清晰看到祢，更透切地细味体会祢，并更释放地传扬分享祢！

请你看为重要的字句圈起或间线：

神爱世人，甚至将祂的独生子赐给他们，叫一切信祂的，不至灭亡，反得永生。（约翰福音3：16）因我们还软弱的时候，基督就按所定的日期为罪人死。为义人死，是少有的；为仁人死，或者有敢作的。惟有基督在我们还作罪人的时候为我们死，神的爱，就在此向我们显明了！（罗马书5：6-8）

请在以下一段为你和你的学生的祷告中，体会个中真理：

亲爱的天父！感谢祢如此爱我们，甚至舍弃了祢的独生爱子。祢牺牲的爱，让我们不胜铭感，祢的大爱无法用世间的言语表达。在我们一无所有、毫不可爱的时候，就如此爱我们，实在让我们震惊；我们都是罪人，违背祢的美意和尊荣。求让_____心甘情愿地降服在祢深厚而甜美的舍身之爱中；让这大爱渗透他们的胸怀；让他们过一个牺牲舍己，爱的生活。愿祢得着荣耀，他们得着造就。奉主得胜的名，阿门！

写下你想与人分享的感想：

第四天：信心

父啊！求祢开我的眼睛，好使我更清晰看到祢，更透切地细味体会祢，并更释放地传扬分享祢！

　　　请你看为重要的字句圈起或间线：

你要专心仰赖耶和华，不可倚靠自己聪明。在你一切所行的事上，都要认定祂，祂必指引你的路。

（箴言3：5 - 6）

请在以下一段为你和你的学生的祷告中，体会个中真理：

天父啊！生活常常是复杂和迷乱的。感谢祢！在这复杂的生活中，赐给我们盼望和清晰的应许。今天，我祷告，＿＿＿＿会信靠祢，将他们的生命完全摆上，并且坚信祢爱他们。求赐他们能力，从自以为聪明的境况中挣脱出来，依靠祢的引导，使他们在一切行事上都认定祢，认识到他们需要祢、依靠祢、仰望祢。当他们看见祢指引他们在通达的道路时，认定这一切都是祢全然的供应。让他们看见祢奇妙的作为，以至他们降服顺从祢的旨意，因为祢是他们的神。今天帮助他们每一口气都珍爱祢，同时也感召他人全心的珍爱祢。愿祢得着荣耀，他们得着造就。奉主得胜的名，阿门！

　　　写下你想与人分享的感想：

第五天：纯洁

父啊！求祢开我的眼睛，好使我更清晰看到祢，更透切地细味体会祢，并更释放地传扬分享祢！

请你看为重要的字句圈起或间线：

少年人用什么洁净他的行为呢？是要遵行祢的话！我一心寻求了祢，求祢不要叫我偏离祢的命令。我将祢的话藏在心里，免得我得罪祢（诗 119：9-11）

请在以下一段为你和你的学生的祷告中，体会个中真理：

天父啊！在这鄙视纯洁的世界，圣经里诗人的问题尤其重要：「一个少年人或少女，用什么纯洁他们的行为呢？」答案就是全心全意的追求祢和祢的道。我祈祷希望_____将能尝到圣经话语的甘甜，并全心渴慕神的话。帮助他们相信祢的道是圣灵的宝剑，可引领、指导他们。使他们有能力在每个决定上，追求圣洁。让他们立志将祢的话藏在他们的心中，免得他们得罪祢。愿祢得着荣耀，他们得着造就。奉主得胜的名，阿门！

写下你想与人分享的感想：

第六天：言语

父啊！求祢开我的眼睛，好使我更清晰看到祢，更透切地细味体会祢，并更释放地传扬分享祢！

请你看为重要的字句圈起或间线：

称谢耶和华！歌颂祢至高者的名，用十弦的乐器和瑟，用琴弹幽雅的声音，早晨传扬祢的慈爱，每夜传扬祢的信实，这本为美事。（诗篇92：1-3）

请在以下一段为你和你的学生的祷告中，体会个中真理：

天父啊！今天我要赞美祢。祢是全能荣耀的神。求祢帮助_____用他们的言语，因祢和祢的一切作为，向祢献上感谢。让他们的心歌唱赞美祢的名。每个早晨使他们更明白祢对他们的大爱，愿他们的言语传扬祢的慈爱，帮助他们能看见、能体会真理。他们每天都是在天父的慈爱和看顾下，与主同行。让他们每个夜晚，都能够晓得祢的信实。让他们用感谢的话语，歌颂祢至高者之名！愿祢得着荣耀，他们得着造就。奉主得胜的名，阿门！

写下你想与人分享的感想：

第七天：行为

父啊！求祢开我的眼睛，好使我更清晰看到祢，更透切地细味体会祢，并更释放地传扬分享祢！

请你看为重要的字句圈起或间线：

世人哪！耶和华已指示你何为善，祂向你所要的是什么呢？只要你行公义、好怜悯、存谦卑的心与你的神同行。（弥迦书6：8）

请在以下一段为你和你的学生的祷告中，体会个中真理：

天父啊！祢已指示我们何为善，指教我们祢的命令，并清楚地让我们知道祢要我们行公义、好怜悯，一生一世谦卑地与祢同行。我祈求＿＿＿＿＿能够将这三个命令记在心里，锲而不舍地遵行。提醒他们照顾那些软弱和不幸的人。当他们有能力行善的时候，不要让他们对不公义的事视若无睹。唤醒他们心智，赐他们能力，使他们能帮助周围需要关爱和慈惠的人。当他们寻求在世上行公义、施怜悯的时候，让他们在祢和世人面前能谦卑地服事。愿祢得着荣耀，他们得着造就。奉主得胜的名，阿门！

写下你想与人分享的感想：

第二周

一周七天七素质

到现在你已经习惯了为你的少年朋友们祷告的节奏。你已经在七个要素上，为他们祷告了一个星期。现在我们只好交托神，求祂继续施恩。当你开始第二周为你的学生们祷告时，记着，要留心神给你的第一个意念是什么意念？我趋向把这些祷告看作是 "火花" 祷告。神用得着这些祷告成为祂施恩的火花，来点燃起你的热心，让你整日为你的朋友们不住祷告。让你心头涌现的感想成为深入你心的祷告。在每个祷告结束的时候，你可以问问自己：

还有哪一件事情，我可以为我的朋友祷告的吗？

或是

我从今天持续的祷告里有什么得着？

第一天：恩惠

父啊！求祢开我的眼睛，好使我更清晰看到祢，更透切地细味体会祢，并更释放地传扬分享祢！

请你看为重要的字句圈起或间线：

你们得救是本乎恩，也因着信；这并不是出于自己，乃是神所赐的；也不是出于行为，免得有人自夸。我们原是祂的工作，在基督耶稣里造成的，为要叫我们行善，就是神所豫备叫我们行的。（以弗所书 2：8－10）

请在以下一段为你和你的学生的祷告中体会个中真理：

天父！感谢祢救赎的恩典，感谢祢！我们得救并不是出于我们的好行为，乃是主耶稣在十字架所完成的善工。我祈求祢赐给_____更大的信心，信靠祢的救恩。保护他们免受思想和行为的迷惑，以为可以通过行善来挣取或增添他们的救赎。让他们明白，他们得救乃是祢在他们身上所动的善工，是在耶稣基督里造成的。因此，他们行善只是知恩图报的结果，并非为了赚得救恩本身。求让他们有能力持守祢为他们准备要他们完成的善行。愿祢得着荣耀，他们得着造就。奉主得胜的名，阿门！

写下你想与人分享的感想：

第二天：智慧

父啊！求祢开我的眼睛，好使我更清晰看到祢，更透切地细味体会祢，并更释放地传扬分享祢！

请你看为重要的字句圈起或间线：

他对人说：敬畏主就是智慧，远离恶便是聪明。（约伯记 28：28）

敬畏耶和华是智慧的开端；凡遵行祂命令的是聪明人。耶和华是永远当赞美的！（诗篇 111：10）

请在以下一段为你和你的学生的祷告中，体会个中真理：

天父啊！祢和祢所行的智慧奇妙，敬畏祢是正确地看祢和看我们自己。我们以尊崇、荣耀、敬拜和谦卑来敬畏祢。因为祢的伟大丰盛，我们在万事上倚靠祢。我祈祷＿＿＿＿＿＿会敬畏祢，每日能更清楚地认识祢是怎样的一位神。除去那些蒙蔽和欺骗他们的障碍，让他们认清祢在这世上所作的工，让他们的心涌流赞美和感激。因为祢在他们的生命中赐厚恩，愿祢的智慧使他们有能力远离恶行，不以恶为乐。坚固他们，使他们能够帮助其他人看到祢的伟大美善。愿祢得着荣耀，他们得着造就。奉主得胜的名，阿门！

写下你想与人分享的感想：

第三天：爱心

父啊！求祢开我的眼睛，好使我更清晰看到祢，更透切地细味体会祢，并更释放地传扬分享祢！

请你看为重要的字句圈起或间线：

耶稣对他说：「你要尽心、尽性、尽意、爱主你的神。这是诫命中的第一，且是最大的。其次也相仿，就是要爱人如已。这两条诫命，是律法和先知一切道理的总纲。」（马太福音22：37-40）

请在以下一段为你和你的学生的祷告中，体会个中真理：

亲爱的天父！我们感谢祢，祢最大的诫命是叫我们得着最大的益处。我为_____祷告，愿他们尽心、尽性、尽意地寻求祢、爱祢。让他们在祢里面找到无与伦比的欢欣。让他们明白到，惟有在他们一切的言行思想上都爱祢，他们最心底的欲望才能得到满足。当他们以最崇高的爱来爱祢时，求祢不要叫他们疲乏。保守他们免于停滞不再付出爱的试探，用祢的大爱降服他们。让他们坚持爱人如已。让他们的人生常常见证祢是如何爱世人。愿祢得着荣耀，他们得着造就。奉主得胜的名，阿门！

写下你想与人分享的感想：

第四天：信心

父啊！求祢开我的眼睛，好使我更清晰看到祢，更透切地细味体会祢，并更释放地传扬分享祢！

请你看为重要的字句圈起或间线：

我知道祢万事都能作，祢的旨意不能拦阻。（约伯记42：2）
主耶和华啊！祢曾用大能和伸出来的膀臂创造天地，在祢没有难成的事。（耶利米书32：17）
我是耶和华，是凡有血气者的神，岂有我难成的事么？（耶利米书32：27）

请在以下一段为你和你的学生的祷告中，体会个中真理：

天父啊！我们每一天都在面对因自己的不足所带来限制而烦恼，但令人振奋的是有了祢就足够有余。今天，我为_____祷告求祢给他们信心，使他们相信，祢赐他们能力，万事都能作。帮助他们相信，祢的旨意都不会被拦阻。使他们的心思意念，都符合祢在世上的旨意。当他们面对无法忍受的挑战时，提醒他们在祢没有难成的事。使他们知道祢在他们生命中最大的的旨意，是祢叫他们万事都互相效力，好叫爱祢的人得益，因此他们与祢独生子的形象相似，活着满有基督的样式。讚美祢直到永远。奉耶稣的名祈求，阿门！

写下你想与人分享的感想：

第五天：纯洁

父啊！求祢开我的眼睛，好使我更清晰看到祢，更透切地细味体会祢，并更释放地传扬分享祢！

请你看为重要的字句圈起或间线：

我与眼睛立约，怎能恋恋瞻望处女呢？（约伯记 31：1）

阴间和灭亡，永不满足，人的眼目也是如此。（箴言 27：20）

请在以下一段为你和你的学生的祷告中，体会个中真理：

天父啊！当我为＿＿＿＿＿和他们的圣洁祈祷时，求祢令他们警觉，给他们纯洁的眼目去看周围的人、地方和事物。帮助他们像约伯与眼睛立约，坚守他们的目光，要非礼勿视和目不斜视。祈求神帮助他们追求清纯洁洁；帮助他们明白，他们的纯洁与他们的眼目息息相关。他们的目光可以燃亮他们，也可以使他们跌倒。祈求神保护他们，令他们知道，他们眼睛所看见的，都不能满足他们，都是徒然的。人若不定睛在神身上，是无法得到满足。只有祢才能真正满足他们，远远超过眼前的贪念和情欲诱惑。愿祢得着荣耀，他们得着造就。奉主得胜的名，阿门！

写下你想与人分享的感想：

第六天：言语

父啊！求祢开我的眼睛，好使我更清晰看到祢，更透切地细味体会祢，并更释放地传扬分享祢！

请你看为重要的字句圈起或间线：

这代要对那代颂赞你的作为, 也要传扬祢的大能。
我要默念祢的威严的尊荣, 和祢奇妙的作为。(诗篇
145: 4 - 6)

请在以下一段为你和你的学生的祷告中，体会个中真理：

天父啊！感谢祢！祢伟大和奇妙的作为永无穷尽。这一代要对那一代传颂祢的大能和威荣。今天我祈求祢兴起一班成年信徒进入＿＿＿＿＿的生命，让他们将所看见过、所体会过祢的伟大丰盛，迫切的与这些青少年人分享。求祢赐这班成年人有勇气去关怀和分享，好让那些青少年人也主动分享祢在他们生命中奇妙的作为。当他们听到祢丰盛的恩惠时，热切的盼望就在他们心里建立起来。愿祢得着荣耀，他们得着造就。奉主得胜的名，阿门！

写下你想与人分享的感想：

第七天：行为

父啊！求祢开我的眼睛，好使我更清晰看到祢，更透切地细味体会祢，并更释放地传扬分享祢！

请你看为重要的字句圈起或间线：

这律法书不可离开你的口，总要昼夜思想，好使你谨守遵行这书上所写的一切话。如此，你的道路就可以亨通，凡事顺利。我岂没有吩咐你么！你当刚强壮胆，不要惧怕，也不要惊惶，因为你无论往那里去，耶和华你的神必与你同在。（约书亚记1：8－9）

请在以下一段为你和你的学生的祷告中，体会个中真理：

天父啊！我要赞美祢，感谢祢话语中的应许。我祈求_____全心全意抓住祢的道。当他们昼夜思想祢的话语时，赐给他们喜乐。让他们速速遵行祢所命定的，知道祢所应许的恩惠必将到来。让他们刚强壮胆追随祢对他们的旨意，不要让他们因害怕而失脚。让他们充满信心，相信他们可以到任何祢差派他们要去的地方。让祢与他们同在的大能，坚固他们勇敢地来遵行祢的旨意。愿祢得着荣耀，他们得着造就。奉主得胜的名，阿门！

写下你想与人分享的感想：

第三周

一周七天七素质

主啊我神！求祢赐我认识祢的心思，渴慕祢的心怀，寻见祢的智慧，讨祢喜悦的行为，等候祢的忍耐忠诚，以及最终归属祢的盼望！阿们！

-- 圣多马阿坚拿(St. Thomas Aquinas)

…属灵生命，没有祈祷，如同福音没有基督。

-- 亨利卢云(Henri J.M. Nouven)

祷告是对神勇敢信靠的行动。

-- 温娜苏达(Rhonda Souder)

第一天：恩惠

父啊！求祢开我的眼睛，好使我更清晰看到祢，更透切地细味体会祢，并更释放地传扬分享祢！

请你看为重要的字句圈起或间线：

不可使慈爱诚实离开你。要系在你颈项上，刻在你心版上，这样，你必在神和世人眼前蒙恩宠、有聪明。（箴言3：3-4）

请在以下一段为你和你的学生的祷告中，体会个中真理：

父啊！我为_____祈求，求祢今天赐给他们祢的特别恩宠。使他们内里满载着祢的慈爱和诚实，以致他们对祢的信心得着坚固。求赐给他们慈爱诚实的心怀意念，叫他们生命得着更生。同时在他们所接触过的人，生命也得着改变。愿祢的慈爱在他们生命中明显地彰显出来。恩宠和聪明常与他们结伴而行。又叫他们体会到祢的恩手是在他们生命中拖带着，提醒他们，神的恩宠与他们随处并在。愿祢得着荣耀，他们得着造就。奉主得胜的名，阿门！

写下你想与人分享的感想：

第二天：智慧

父啊！求祢开我的眼睛，好使我更清晰看到祢，更透切地细味体会祢，并更释放地传扬分享祢！

请你看为重要的字句圈起或间线：

因为耶和华赐人智慧; 知识和聪明, 都由祂口而出。
祂给正直人存留真智慧。···（箴言2：6-7）
得智慧、得聪明的，这人便为有福。（箴言 3：13）

请在以下一段为你和你的学生的祷告中，体会个中真理：

天父啊！我祈求祢赐给_____一颗渴慕祢和祢智慧的心。求祢让他们眼睛能看见、耳朵能听见、心里能明白祢话语里的智慧。帮助他们领悟到自身的知识与聪明是何等有限；让他们以祢的智慧为宝贵，在他们追寻祢的智慧的步伐中，赐他们坚忍。知道祢必赏赐那寻求的人。求祢赐福给那些尝到祢智慧甘甜滋味的人，让他们对生活有深刻的认识，使得他们成为伙伴间以智慧互勉的泉源，让他们能像呼吸一样，自由地向众人分享祢和祢的智慧。愿祢得着荣耀，他们得着造就。奉主得胜的名，阿门！

写下你想与人分享的感想：

第三天：爱心

父啊！求祢开我的眼睛，好使我更清晰看到祢，更透切地细味体会祢，并更释放地传扬分享祢！

请你看为重要的字句圈起或间线：

天离地何等的高，祂的慈爱向敬畏祂的人，也是何等的大；东离西有多远，祂叫我们的过犯，离我们也有多远。（诗篇103：11－12）

请在以下一段为你和你的学生的祷告中，体会个中真理：

亲爱的天父！祢的大爱彰显予那些敬畏祢的人。我为_____祷告，愿他们敬畏祢。让他们心中充满，对祢不灭的敬畏和尊崇。让他们感觉到，祢对他们的大爱，高及诸天。让祢丰丰富富的大爱，掌管他们的人生。感谢祢完全、全备的赦罪之恩。让他们每一天，都享受祢全然无比的宽恕所带给他们的自由。知道释放这赦罪之恩，是耶稣为他们牺牲所赐下的。愿祢得着荣耀，他们得着造就。奉主得胜的名，阿门！

写下你想与人分享的感想：

第四天：信心

父啊！求祢开我的眼睛，好使我更清晰看到祢，更透切地细味体会祢，并更释放地传扬分享祢！

请你看为重要的字句圈起或间线：

耶和华啊！认识祢名的人要倚靠祢。因祢没有离弃寻求祢的人。（诗篇9：10）
有人靠车，有人靠马。但我们要题到耶和华我们神的名。（诗篇20：7）

请在以下一段为你和你的学生的祷告中，体会个中真理：

天父啊！祢的应许是信实的，祢以信实对待倚靠祢的人。我为_____祷告，愿他们晓得祢的属性，致使他们信靠祢的心得以成长。建立他们的信心，知道祢的名全然彰显祢的权柄、能力和伟大的丰盛。帮助他们体会到祢就是他们的创造者、托着万有者、供应者、医治者和救赎者。搀扶他们走在渴望寻求祢的道上，知道祢是永远不会离弃他们。祢是和平之君、求祢用全然的平安膏抹他们。祢是万王之王，求祢以恩慈来统管他们。祢是自有、永有的大君，求祢给他们信心，在他们一切需用上信靠祢。愿祢得着荣耀，他们得着造就。奉主得胜的名，阿门！

写下你想与人分享的感想：

第五天 ： 纯洁

父啊！求祢开我的眼睛，好使我更清晰看到祢，更透切地细味体会祢，并更释放地传扬分享祢！

请你看为重要的字句圈起或间线:

清心的人有福了！因为他们必得见神。（马太福音 5：8）

请在以下一段为你和你的学生的祷告中，体会个中真理:

天父啊！感谢祢这一天命定了＿＿＿＿＿＿的位份，我为他们欣喜祈祷。耶稣说：清心的人有福了，因为他们必得见神。求赐他们在祢里面满溢的喜乐。不要让他们因停滞于别的、虚假的承诺，而错过亲眼见祢而得的喜乐和赞叹。让他们看到祢伟大丰盛的愿景，使他们知道心中的那些空虚的承诺无法作为，乃是祢的灵赋予他们纯洁行径的能力。今天就让圣灵充满他们，让他们的纯洁和喜乐传送给身边的人，在祢的辉煌中福杯满溢。愿祢得着荣耀，他们得着造就。奉主得胜的名，阿门！

写下你想与人分享的感想:

第六天：言语

父啊！求祢开我的眼睛，好使我更清晰看到祢，更透切地细味体会祢，并更释放地传扬分享祢！

请你看为重要的字句圈起或间线：

多言多语，难免有过；禁止嘴唇，是有智慧。（箴言10：19）

说话浮躁的，如刀刺人；智慧人的舌头，却为医人的良药。口吐真言，永远坚立；舌说谎话，只存片时。（箴言12：18-19）

请在以下一段为你和你的学生的祷告中，体会个中真理：

天父啊！谢谢祢赐给我们语言的天赋，赐我们用言语来表达自己的能力。是祢的智慧和恩典，使我们可以好好运用我们的言语。我祷告，当_____说话时，求祢祝福他们有智慧。使他们说话充满从上面而来的智慧。在所到之处，成为医人的良药。帮助他们切莫说出浮躁的话，损害刺伤别人。愿他们的嘴唇总是以爱心说诚实话。提醒他们，撒谎的舌头终会带来不良的后果。今天，就让他们智慧地运用他们的言语。愿祢得着荣耀，他们得着造就。奉主得胜的名，阿门！

写下你想与人分享的感想：

第七天：行为

父啊！求祢开我的眼睛，好使我更清晰看到祢，更透切地细味体会祢，并更释放地传扬分享祢！

请你看为重要的字句圈起或间线：

耶和华是良善正直的，所以祂必指示罪人走正路。祂必按公平引领谦卑人，将祂的道教训他们。凡遵守祂的约和祂法度的人，耶和华都以慈爱诚实待他。

（诗篇 25：8 - 10）

请在以下一段为你和你的学生的祷告中，体会个中真理：

天父啊！我感谢祢，因为祢的一切作为，都是良善正直的。祢纠正我们的过犯，又指引我们行当走的路。我祈求祢赐给＿＿＿＿＿＿一颗谦卑的心，求祢加力给他们，叫他们凡事都遵从祢的引领；求赐他们有受教的心，对祢所定的各样旨意，都作出合宜的回应。恳求祢帮助他们，能恒切地跟从祢慈爱和诚实的道路。愿他们心知祢施恩予谦卑的人，就叫他们在生活上，凡事抵挡骄傲。愿他们以祢的真理作为珍宝。愿祢得着荣耀，他们得着造就。奉主得胜的名，阿门！

写下你想与人分享的感想：

第四周

一周七天七素质

　　我的女儿常打趣地说，她何等喜欢用长途竞赛的步伐，去跑短途赛。她每次这样说，我便大笑出来。因为我对她的看法，全然认同。倘若我们在祷告时，也采用她的竞跑战略，我猜我们也可从中得益。其实，我所指的是：虽然每个祷告都很简短，但这并不代表，你就要匆匆地把你的祷告作结。你大可按着自己的步伐进行，就好像你在做祷告漫步一样。当你祈祷之际，就在你所选的字、用的词、或作过的句子上，稍作流连，多思考片刻；不需要为着要说下一句祷文而匆忙，就让神帮助你在长长的一天里，慢慢体会每一个祷文的内容细节，就这样享受着你的漫步式祷告生活吧！

第一天：恩惠

父啊！求祢开我的眼睛，好使我更清晰看到祢，更透切地细味体会祢，并更释放地传扬分享祢！

请你看为重要的字句圈起或间线：

…自己倒将生命、气息、万物、赐给万人。…"我们生活、动作、存留、都在乎祂。"…（使徒行传17：25，28）

使你与人不同的是谁呢？你有什么不是领受的呢？若是领受的，为何自夸，仿佛不是领受的呢？（哥林多前书4：7）

请在以下一段为你和你的学生的祷告中，体会个中真理：

天父啊！每一个气息都是按着祢的恩典和恩惠，白白而得来。就是今天＿＿＿＿＿＿都是从祢恩手中得着生命、气息。世上万物，他们生活、动作、存留，全都在乎祢。求祢保守他们不要把祢恒常恩惠的供应，看为理所当然。今日就赐给他们欣然的心，去珍惜每一个呼吸。又开他们的眼睛，好看见祢奇妙的托着万有的厚恩，叫他们内心感恩满载。愿祢得着荣耀，他们得着造就。奉主得胜的名，阿门！

写下你想与人分享的感想：

第二天：智慧

父啊！求祢开我的眼睛，好使我更清晰看到祢，更透切地细味体会祢，并更释放地传扬分享祢！

请你看为重要的字句圈起或间线：

智慧人的言语，好像刺棍；会中之师的言语，好像钉稳的钉子；都是一个牧者所赐的。我儿，还有一层，你当受劝戒：著书多，没有穷尽；读书多，身体疲倦；这些事都已听见了。总意就是；：敬畏神谨守祂的诫命，这是人所当尽的本分。因为人所作的事，连一切隐藏的事，无论是善是恶，神都必审问。（传道书12：11-14）

请在以下一段为你和你的学生的祷告，体会个中真理：

天父啊！感谢祢为圣经谚语的能力，作出如此富有洞察力的总结。提醒我们智慧是出于祢，都是我们的大牧者所赐的。我祈祷_____会首先向祢求智慧。求祢赐给他们洞察力来决定从何处，并怎样来寻求智慧。帮助他们在涉猎圣经格言里，让祢的话沁透在他们的生命中。让圣灵的力量坚固他们，使他们能尊崇祢、顺服祢，知道他们最终都是要向祢交帐。愿祢得着荣耀，他们得着造就。奉主得胜的名，阿门！

写下你想与人分享的感想：

第三天：爱心

父啊！求祢开我的眼睛，好使我更清晰看到祢，更透切地细味体会祢，并更释放地传扬分享祢！

请你看为重要的字句圈起或间线：

贪财是万恶之根。有人贪恋钱财，就被引诱离了真道，用许多愁苦把自己刺透了。（提前6：10）

你们存心不可贪爱钱财，要以自己所有的为足。因为主曾说：「我总不撇下你，也不丢弃你。」所以我们可以放胆说：「主是帮助我的，我必不惧怕，人能把我怎么样呢？」（来13：5－6）

请在以下一段为你和你的学生的祷告中，体会个中真理：

亲爱的天父！我今天为＿＿＿＿＿＿祷告，深愿他们的心，被祢自己及祢的慈爱所折服。这世上有很多诱惑，随时可夺去他们爱祢的心。贪爱钱财就是其中一个，最明显可以带来悲剧的例子。圣经上说贪爱钱财是万恶之根源。莫让他们在生活中为金钱卖命。愿祢的荣耀和别人的益处，成为他们一生追求的基本目标。保守他们不要因对未知的恐惧，而陷入依靠金钱的试探。赐他们信心，让他们明白祢永不会离弃他们，祢是他们的帮助，在祢里面无须惧怕。愿祢得着荣耀，他们得着造就。奉主得胜的名，阿门！

写下你想与人分享的感想：

第四天：信心

父啊！求祢开我的眼睛，好使我更清晰看到祢，更透切地细味体会祢，并更释放地传扬分享祢！

请你看为重要的字句圈起或间线：

惧怕人的陷入网罗。惟有倚靠耶和华的，必得安稳。
（箴言 29：25）

请在以下一段为你和你的学生的祷告中，体会个中真理：

天父啊！我求祢帮助_____要不惧怕人。因为惧怕人会使他们的心思陷入网罗。求祢让他们从这些圈套和艰难中解脱出来，以致惧怕不再盘踞在他们的心思意念中。使他们信赖祢，以致祢可以在他们心灵里居首位。祢是他们安全的保障，惟独祢才能让他们从惧怕人的景况中释放出来。愿他们今天所想的、所讲的和所作的一切，都受祢所管治。愿祢得着荣耀，他们得着造就。奉主得胜的名，阿门！

写下你想与人分享的感想：

第五天：纯洁

父啊！求祢开我的眼睛，好使我更清晰看到祢，更透切地细味体会祢，并更释放地传扬分享祢！

请你看为重要的字句圈起或间线：

你要保守你心，胜过保守一切。因为一生的果效，是由心发出。（箴言4：23）

又说：「从人里面出来的，那才能污秽人。因为从里面，就是从人心里，发出恶念、苟合、偷盗、凶杀、奸淫、贪婪、邪恶、诡诈、淫荡、嫉妒、谤讟、骄傲、狂妄，这一切的恶，都是从里面出来，且能污秽人。」（马可福音7：20-23）

请在以下一段为你和你的学生的祷告中，体会个中真理：

天父啊！在我们追求祢的信实和追求像祢般圣洁时，我们明白到有些行动比另一些行动更为重要。在这里，守护我们的心，尤其重要。我祈求＿＿＿＿＿＿能操练自己，去保守自己的心，胜过保守一切。让圣灵的大能，保卫他们的心，帮助他们看到，他们内心在那一方面需要加强保护。帮助他们找到良友，互相鼓励，下决心去保卫他们的心。就让他们清楚看见，无心守护心灵的人，他们的生活是多么失落。让圣灵充满他们，使他们的心灵，像江河活水，恩泽涌流。愿祢得着荣耀，他们得着造就。奉主得胜的名，阿门！

写下你想与人分享的感想：

第六天：言语

父啊！求祢开我的眼睛，好使我更清晰看到祢，更透切地细味体会祢，并更释放地传扬分享祢！

请你看为重要的字句圈起或间线：

回答柔和，使怒消退；言语暴戾，触动怒气。智慧人的舌，善发知识；愚昧人的口，吐出愚昧；……温良的舌，是生命树；乖谬的嘴，使人心碎。（箴言15：1-2，4）

请在以下一段为你和你的学生的祷告中，体会个中真理：

天父啊！谢谢祢！柔和的话、温良的舌，满有能力。我求祢为_____预备良友，他们都是慷慨恩慈、能说柔和、温良话语的人。同时我祈求让他们自己，也能同样用温柔的说话对待他人。使他们的言语，远离愤怒，结出生命的果子。让智慧从他们的嘴唇而出，他们的舌头，善发知识，让听见的人生命得福。保护他们不要去说，也不去听，那些会挑起愤怒和仇恨的话。当乖谬的言语围绕他们身边发出时，给他们有宽宏的态度去改变话题的能力。不要让邪恶和暴戾的话，以任何方式伤害他们。帮助他们掌握祢的真理，好使他们能够克服任何针对他们的虚谎的话。愿祢得着荣耀，他们得着造就。奉主得胜的名，阿门！

写下你想与人分享的感想：

第七天：行为

父啊！求祢开我的眼睛，好使我更清晰看到祢，更透切地细味体会祢，并更释放地传扬分享祢！

请你看为重要的字句圈起或间线：

诸天哪！要因此惊奇，极其恐慌，甚为凄凉，这是耶和华说的。因为我的百姓，作了两件恶事：就是离弃我这活水泉源，为自己凿出池子，是破裂不能存水的池子。（耶利米书2：12-13）

请在以下一段为你和你的学生的祷告中，体会个中真理：

天父啊！感谢祢！祢是我们活水泉源，是我们心中惟一的满足。祈求＿＿＿＿＿＿＿＿＿也尽心相信，祢就是他们全然满足的最终泉源。求祢叫他们警醒，不致隐隐地偏离祢，转往别处寻找快乐而仍不自觉。求使他们看得见，若远离祢，他们将要承受沉重的亏损，甚至凄凉。求祢帮助他们脱离虚妄，不要以为单靠自已的门路，可以寻得快乐。若他们曾经轻忽地寻求祢，或蔑视与祢建立的关系，求祢饶恕他们。深愿祢在他们心中造出活水泉源，渴慕凡事都以祢和祢的道路为依归。坚固他们，好去帮助身边的人，转离自己虚无的生活方式，回到祢里面寻得丰满的喜乐。愿祢得着荣耀，他们得着造就。奉主得胜的名，阿门！

写下你想与人分享的感想：

第五周

恩惠

　　晓得感恩，就是认识到万事万物都是出于神的慈爱，并认同祂确实已将万物赐给我们。我们所呼吸的每一口气，是祂大爱所赐的厚恩；我们存活的每一刻，也是祂的恩典。一切伟大丰盛恩慈，都是从神而来。

-- 当波斯达马(Don Posterma) --

无论作什么，或说话、或行事，都要奉主耶稣的名，

借着祂感谢父神。

（哥罗西书3：17）

不住的祷告，凡事谢恩。因为这是神在基督耶稣里，向你们所定的旨意。

（帖撒罗尼迦前书5：17-18）

第一天：恩惠

父啊！求祢开我的眼睛，好使我更清晰看到祢，更透切地细味体会祢，并更释放地传扬分享祢！

请你看为重要的字句圈起或间线：

我原是使徒中最小的，不配称为使徒，因为我从前逼迫神的教会。然而我今日成了何等人，是蒙神的恩才成的。并且祂所赐我的恩，不是徒然的。我比众使徒格外劳苦，这原不是我，乃是神的恩与我同在。（哥林多前书15：9－10）

请在以下一段为你和你的学生的祷告中，体会个中真理：

> 天父啊！祢的恩典和恩惠，是人所不能参透的。但我仍然要向祢为＿＿＿＿＿＿祈求，叫他们看见，并能体会到祢的恩典的个中价值。万不容让他们有一刻看待祢的恩典如同无物。求让他们看到祢恩典的大能，是如何坚固他们，使他们更殷勤去达成祢的旨意。就叫他们醒悟到，他们生活上一切的丰盛，以及世上各样的美善，总是有祢恩典在背后，使每一样得著成就。求赐他们有渴慕祢恩典的心，又叫他们不竭地借着祷告，去寻求祢的恩惠。愿祢得着荣耀，他们得着造就。奉主得胜的名，阿门！

写下你想与人分享的感想：

第二天：恩惠

父啊！求祢开我的眼睛，好使我更清晰看到祢，更透切地细味体会祢，并更释放地传扬分享祢！

请你看为重要的字句圈起或间线：

求祢使我们早早饱得祢的慈爱，好叫我们一生一世欢呼喜乐。（诗篇90：14）

请在以下一段为你和你的学生的祷告中，体会个中真理：

天父啊！求祢每天都按着祢所应许的供应_____。让他们快乐，心之所想得到满足。唯独祢可以让他们的心得满足，使他们一生一世得喜乐。我祈求祢早早让他们饱得祢的慈爱，不要让他们被世界空洞的许诺欺骗。让他们的眼目从早晨到夜晚，见证祢的慈爱。当他们每次看到祢的慈爱的时候，唤醒他们心中的味蕾，来细味体会祢爱的甘甜；当他们每一天为祢而活的时候，让他们自由地分享在祢慈爱里的满足。愿祢得着荣耀，他们得着造就。奉主得胜的名，阿门！

写下你想与人分享的感想：

第三天：恩惠

父啊！求祢开我的眼睛，好使我更清晰看到祢，更透切地细味体会祢，并更释放地传扬分享祢！

请你看为重要的字句圈起或间线：

在至高之处，荣耀归与神；在地上平安，归与祂所喜悦的人。（路加福音2：14）

愿赐平安的主，随时随事亲自给你们平安。愿主常与你们众人同在。（帖撒罗尼迦后书3：16）

请在以下一段为你和你的学生的祷告中，体会个中真理：

亲爱的天父！当祢差遣天使来到世上，宣告荣耀归与祢，平安归与我们---尤其是平安归与你所喜悦的人。求让他们在祢面前蒙恩宠。愿祢 的恩惠今日就临到_____身上。让他们知道祢所赐的，是出人意外的平安。让他们困苦流离的心降服于祢。祢以平安管治他们，让他们渴慕平安，就是借着主耶稣基督赐给这世界的平安。帮助他们明白在耶稣基督里的平安，能使他们得以自由，是这世界所没有的。愿祢得着荣耀，他们得着造就。奉主得胜的名，阿门！

写下你想与人分享的感想：

第四天：恩慈

父啊！求祢开我的眼睛，好使我更清晰看到祢，更透切地细味体会祢，并更释放地传扬分享祢！

请你看为重要的字句圈起或间线：

既是这样，还有什么说的呢？神若帮助我们，谁能敌挡我们呢？神既不爱惜自己的儿子为我们众人舍了，岂不也把万物和祂一同白白的赐给我们么？
（罗马书8：31-32）

请在以下一段为你和你的学生的祷告中，体会个中真理：

天父啊！我今天向祢祷告，愿_____能感受到祢对他们是何等恩慈。不要让他们错过祢在基督里为他们所做的奇事。让他们的心和灵，都因祢丰盛的大爱而赞叹。使他们在生命中都在寻求祢恩惠的同在。祢的保守和祢的供应。提醒他们，天下万物都是在基督里为他们造成的。天父啊！世间上，再没有比祢牺牲自己的独生子更大的恩惠和赐予了！让耶稣基督的生、死和复活的意义，进入他们的心和灵的深处。因着罗马书第八章卅一和卅二节的真理，让他们对上帝产生坚定的信心。愿祢得着荣耀，他们得着造就。奉主得胜的名，阿门！

写下你想与人分享的感想：

第五天：恩惠

父啊！求祢开我的眼睛，好使我更清晰看到祢，更透切地细味体会祢，并更释放地传扬分享祢！

请你看为重要的字句圈起或间线：

愿主我们神的荣美，归于我们身上，愿你坚立我们手所的工——我们手所作的工，愿祢坚立！（诗篇90：17）

请在以下一段为你和你的学生的祷告中，体会个中真理：

天父啊！今天我为＿＿＿＿＿＿＿＿祈祷，祈求他们知道他们工作顺利，乃是祢的恩典。祈求祢帮助他们认识到，无论他们双手作什么工作，都是为荣耀祢而作的。明白祢创造他们，是叫他们多作善工。如今他们理应在他们被召的工作岗位上尽忠，愿祢坚立他们手所作的工，。让他们清楚知道祢的供应、保护、同在和美意，都是祢恩手的赐予。在工作中，让他们喜乐，更使别人因与他们同工而喜乐。愿他们因有机会学习真道，而感欢畅。愿他们勤奋好学，把一切荣耀都归与祢。愿他们生活过得更好、更丰盛。愿祢得着荣耀，他们得着造就。奉主得胜的名，阿门！

写下你想与人分享的感想：

第六天：恩惠

父啊！求祢开我的眼睛，好使我更清晰看到祢，更透切地细味体会祢，并更释放地传扬分享祢！

请你看为重要的字句圈起或间线：

祂顾念我们在卑微的地步，因祂的慈爱，永远长存！祂救拔我们脱离敌人，因祂的慈爱，永远长存！祂赐粮食给凡有血气的，因祂慈爱，永远长存！你们要称谢天上的神，因祂的慈爱，永远长存！（诗篇136：23-26）

请在以下一段为你和你的学生的祷告中，体会个中真理：

天父啊！祢对_____的慈爱，永远长存。透过祢的恩典和恩惠，让他们能够了解和体会祢对他们的慈爱。主啊！今天不论他们面对任何使得他们气馁的事情，求祢记念他们，使他们有希望。赐给他们能力，辨别那些可能伤害他们的人，求祢守卫，保护他们。让他们的眼目看见祢的供应，激发他们心中对祢深深的感恩。愿祢得着荣耀，他们得着造就。奉主得胜的名，阿门！

写下你想与人分享的感想：

第七天：恩惠

父啊！求祢开我的眼睛，好使我更清晰看到祢，更透切地细味体会祢，并更释放地传扬分享祢！

请你看为重要的字句圈起或间线：

爱子是那不能看见之神的像，是首生的，在一切被造的以先，因为万有都是靠祂造的。无论是天上的、地上的；能看见的、不能看见的；或是有位的、主治的、执政的、掌权的，一概都是借着祂造的，又是为祂造的。祂在万有之先，万有也靠祂而立。

（歌罗西书1：15-17）

请在以下一段为你和你的学生的祷告中，体会个中真理：

亲爱的天父！歌罗西书一章十五至十七节的经文，讯息是清清楚楚的：生命的一切皆在乎耶稣。这话表明了，世间万物皆因耶稣而存在和延续，万物不但借着祂而造，也是为祂而造。让_____明白和领会，耶稣是万物的中心。让他们的心灵在祢里面有无比的欢欣。并保守这欢欣永不止息，好叫他们每一天都有从主而来的感悟、眼光和喜乐。愿祢得着荣耀，他们得着造就。奉主得胜的名，阿门！

写下你想与人分享的感想：

第六周

智　慧

祈祷其中最美的地方，就是在于它不只是单向性的。祈祷不只是一个发泄的渠道，让我们向神宣泄心中种种，然后心情得以平服过来。其实，神也会在我们向祂祈祷时与我们说话，只要我们有停下来，静心聆听。神会借着祂的道和祂的灵，叫人得着引导，悟性和坚定的信念。你可以肯定祂向你所发的意念，绝不会与祂的道中的真理背道而驰。所以，每当你面对世上任何疑难或问题，只管向祂祈求，祂必给你引导，赐你悟性，甚至叫你信心稳固。不要惧怕 – 祂唯愿把最好的给你。

神啊、求你鉴察我、知道我的心思、试炼我、知道我的意念。看在我里面有什么恶行没有、引导我走永生的道路。 (诗篇 139: 23-24)

第一天：智慧

父啊！求祢开我的眼睛，好使我更清晰看到祢，更透切地细味体会祢，并更释放地传扬分享祢！

请将你看为重要的字句圈起或间线：

耶和华如此说、智慧人不要因他的智慧夸口、勇士不要因他的勇力夸口、财主不要因他的财物夸口。夸口的却因他有聪明、认识我是耶和华、又知道我喜悦在世上施行慈爱公平和公义、以此夸口。这是耶和华说的。（耶利米书 九：23-24）

请在以下一段为你和你的学生的祷告中，体会个中真理：

父啊，今天我向祢祈求，不叫＿＿＿＿＿＿以自己的智慧夸口，或用自己的智慧去厘定自我的形象。求保守他们不因自己有聪明就沾沾自喜，自以为胜人一筹。愿他们在祢里面找着真我。开他们的眼目，看到那里需要祢的慈爱，公平和公义，就把祢的智慧放用于那里。又赐他们坚定的心志，要面对的无论多大多难，仍能忠心竭尽所能。愿祢得着荣耀，他们得着造就。奉耶稣名求，阿们。

写下你想与人分享的感想：

第二天：智慧

父啊，求祢开我的眼睛，好使我更清晰看到祢，更透切地细味体会祢，并更释放地传扬分享祢.

请将你看为重要的字句圈起或间线：

人不可自欺。你们中间若有人在这世界自以为有智慧，倒不如变做愚拙，好成为有智慧的。因这世界的智慧在神看是愚拙，如经上记着说：「主叫有智慧的中了自己的诡计」，又说：「主知道智慧人的意念是虚妄的。」 21 所以，无论谁都不可拿人夸口，因为万有全是你们的，或保罗，或亚波罗，或矶法，或世界，或生，或死，或现今的事，或将来的事，全是你们的；并且你们是属基督的，基督又是属神的。（哥林多前书书 3: 18-23)

请在以下一段为你和你的学生的祷告中，体会个中真理：

> 天父，我们很容易受到蒙蔽，认为世界的方法是聪明的。我祈求祢保护＿＿＿＿＿＿不中这个诡计。赐给他们在祢里面的信心来代替他们在人身上的信心。帮助他们完全地倚靠祢，知道万有全是属于祢的，所以他们若要夸口是因祢而夸口。给他们在祢里面的大喜乐，因为祢是真理的源头。愿祢得着荣耀，他们得着造就. 奉耶稣名求，阿们。

写下你想与人分享的感想：

第三天: 智慧

父啊，求祢开我的眼睛，好使我更清晰看到祢，更透切地细味体会祢，并更释放地传扬分享祢.

请将你看为重要的字句圈起或间线:

就为你们不住地感谢神，祷告的时候，常提到你们，求我们主耶稣基督的神，荣耀的父，将那赐人智慧和启示的灵赏给你们，使你们真知道他。并且照明你们心中的眼睛，使你们知道他的恩召有何等指望，他在圣徒中得的基业有何等丰盛的荣耀；并知道他向我们这信的人所显的能力是何等浩大，就照他在基督身上所运作的大能大力，使他从死里复活，叫他在天上坐在自己的右边。(以弗所书 1：16- 20)

请在以下一段为你和你的学生的祷告中，体会个中真理:

亲爱的天父，我为_____祷告，求你将那赐人知识，智慧和启示的灵赏给他们。照明他们心中的眼睛，让他们接受这些赏赐所带来的各种美善。让他们满怀盼望和期待，看到你为他们存留的是何等奇妙的产业。让他们在你无比的大能中，就是那让耶稣从死里复活的大能中安稳得力。莫让他们安于过一种生活，是没有圣灵的能力的。愿祢得着荣耀，他们得着造就。奉耶稣名求，阿们。

写下你想与人分享的感想:

第四天 ： 智 慧

父啊，求祢开我的眼睛，好使我更清晰看到祢，更透切地细味体会祢，并更释放地传扬分享祢.

请将你看为重要的字句圈起或间线：

你们要爱惜光阴，用智慧与外人交往。 (歌罗西书4: 5)
你们要谨慎行事，不要像愚昧人，当像智慧人。要爱惜光阴，因为现今的世代邪恶。不要作糊涂人，要明白主的旨意如何。不要醉酒，酒能使人放荡，乃要被圣灵充满。(以弗所书5: 15-18)

请在以下一段为你和你的学生的祷告中，体会个中真理：

天父，我为 _____ 向你祷告，愿他们能谨慎地生活。使得他们知道每一个决定都要承受结果。帮助他们持续远离邪恶。当他们软弱时差遣坚强的朋友进入他们的生活，来帮助他们为自己的行为负责。提醒他们受造原本是要向这个世界彰显你的荣美。给他们意志每天去追求公义。你的道是属灵的宝剑可以刺穿这个世界里的谎言。给他们坚定的意愿，每天沐浴在你的真理中以致他们可以被你的灵所充满。愿祢得着荣耀，他们得着造就. 奉耶稣名求，阿们。

写下你想与人分享的感想：

第五天: 智慧

父啊，求祢开我的眼睛，好使我更清晰看到祢，更透切地细味体会祢，并更释放地传扬分享祢.

请将你看为重要的字句圈起或间线:

我所祷告的，就是要你们的爱心在知识和各样见识上多而又多，使你们能分别是非，做诚实无过的人，直到基督的日子；并靠着耶稣基督结满了仁义的果子，叫荣耀称赞归于神。(腓立比书 1:9-11)

请在以下一段为你和你的学生的祷告中，体会个中真理:

天父，我祈求使徒保罗的话今天在 _____ 的身上彰显。因为祢的爱在他们内心成长扎根，从而使他们有智慧正确分辨对和错。借着他们对祢的爱加深，帮助他们更洞悉祢对他们的爱，赐他们能力活出生命，展示出何谓是非分明纯洁无瑕，诚实无过的生命，使他们得着圣灵的能力，结出仁义的善果。愿祢得着荣耀，他们得着造就. 奉耶稣名求，阿们。

写下你想与人分享的感想:

第六天: 智慧

父啊，求祢开我的眼睛，好使我更清晰看到祢，更透切地细味体会祢，并更释放地传扬分享祢.

请将你看为重要的字句圈起或间线:

但你所学习的、所确信的，要存在心里，因为你知道是跟谁学的，并且知道你是从小明白圣经，这圣经能使你因信基督耶稣有得救的智慧。圣经都是神所默示的,于教训、督责、使人归正、教导人学义都是有益的，叫属神的人得以完全，预备行各样的善事。(提摩太后书 3: 14- 17)

请在以下一段为你和你的学生的祷告中，体会个中真理:

天父，没有任何事比面对面认识祢，与祢建立个人关系更重要。当_____在透过研读祢的圣言，追求与祢有深刻的委身的关系时，求祢给他们智慧。不要让他们被这个世界的谎言所欺骗。向他们保证，耶稣是唯一的道路使他们得救和与祢建立关系。给他们一颗受教的心，当他们被祢的道所吸引时，愿他们承受祢的道所带来的各样益处。愿他们自由释放地分享祢的道和真理时，灵性兴旺。愿祢得着荣耀，他们得着造就. 奉耶稣名求，阿们。

写下你想与人分享的感想:

第七天：智慧

父啊，求祢开我的眼睛，好使我更清晰看到祢，更透切地细味体会祢，并更释放地传扬分享祢．

请将你看为重要的字句圈起或间线：

你们中间谁是有智慧，有见识的呢？他就当在智慧的温柔上显出他的善行来…。惟独从上头来的智慧，先是纯洁，后是和平，温良柔顺，满有怜悯，多结善果，没有偏见，没有假冒。并且使人和平的，是用和平所栽种的义果。 (雅各书3:13, 17-18)

请在以下一段为你和你的学生的祷告中，体会个中真理：

亲爱的天父，聪明人结出充满智慧的果子。我为_____祷告，愿他们渴慕你的智慧，并满怀谦卑地追求智慧，赐他们机敏的能力辨别，从你而来的智慧 。让他们结出纯洁，和平，温良柔顺，没有偏见，没有假冒的智慧的善果。让那些明白并活出你美好旨意的人，进入他们的生命。愿他们的人生结出和平所栽种的义果。愿祢得着荣耀，他们得着造就。奉耶稣名求，阿们。

写下你想与人分享的感想：

第七周

爱 心

主啊，求赐我们一颗慈爱的心，不为无谓的爱恋所拖累； 求赐一颗顽强不屈的心志，不为任何试炼所磨损；求赐一颗正直的心，不为无价值的目标所牵引。主啊我神，借着耶稣基督我们的主，求祢赐给我们的悟性去认识祢，殷勤去寻求祢，智慧去寻见祢，赐我们忠诚最终可以怀抱祢的爱。

-- 圣多马亚坚拿 (St. Thomas Aquinas) --

第一天: 爱心

父啊，求祢打我的眼睛，好使我更清晰看到祢，更透切地细味体会祢，并更释放地传扬分享祢.

请将你看为重要的字句圈起或间线:

爱是恒久忍耐、又有恩慈. 爱是不嫉妒. 爱是不自夸. 不张狂. 不作害羞的事. 不求自己的益处. 不轻易发怒. 不计算人的恶. 不喜欢不义. 只喜欢真理. 凡事包容. 凡事相信. 凡事盼望. 凡事忍耐。爱是永不止息. 先知讲道之能、终必归于无有. 说方言之能、终必停止、知识也终必归于无有。
(哥林多前书 十三: 4-8)

请在以下一段为你和你的学生的祷告中，体会个中真理:

父啊，祢的慈爱永远长存! 今天我向祢祈求， 愿
_____能透过他人领受到祢的慈爱。求叫他们晓得祢对他们的恒久忍耐，并时刻感受到祢的恩慈。愿他们在祢面前蒙恩，今天就能蹓上满有主爱的人。又叫他们今天能以祢的慈爱去接待别人，就算遇上自夸张狂的人，也能以忍耐和恩慈相待。愿他们在那些只顾自己益处的人面前仍能散发出基督的香气。求祢用祢奇异的大爱去坚固他们，叫他们能凡事相信，凡事盼望，凡事忍耐。愿祢得着荣耀，， 他们得着造就。奉耶稣名求，阿们。

写下你想与人分享的感想:

第二天: 爱心

父啊, 求祢开我的眼睛, 好使我更清晰看到祢, 更透切地细味体会祢, 并更释放地传扬分享祢.

请将你看为重要的字句圈起或间线:

我赐给你们一条新命令, 乃是叫你们彼此相爱; 我怎样爱你们, 你们也要怎样相爱。你们若有彼此相爱的心, 众人因此就认出你们是我的门徒了。

(约翰福音 13: 34- 35)

请在以下一段为你和你的学生的祷告中, 体会个中真理:

天父, 我今天为_____祷告, 愿他们能信奉你的命令彼此相爱。给他们能看的眼, 顿悟的心知晓祢是如何爱他们每一个。让他们明白祢对他们的爱是何等的长阔高深, 以致于他们能全然地爱别人。帮助他们喜爱并遵从祢的命令, 每天努力地彼此相爱, 让这个世界知道他们是属于祢的。保守他们不要误以为轻忽不爱别人可被视为属于祢的人。祢的儿女之所以爱是因为祢先爱了他们。愿祢得着荣耀, 他们得着造就. 奉耶稣名求, 阿们。

写下你想与人分享的感想:

第三天：爱心

父啊，求祢开我的眼睛，好使我更清晰看到祢，更透切地细味体会祢，并更释放地传扬分享祢.

请将你看为重要的字句圈起或间线：

爱里没有惧怕；爱既完全，就把惧怕出去，因为惧怕里含着刑罚。惧怕的人在爱里未得完全。我们爱，因为神先爱我们。人若说，"我爱神"，却恨他的弟兄，就是说谎话的；不爱他所看见的弟兄，就不能爱没有看见的神。爱神的，也当爱弟兄，这是我们从神所受的命令。(约一4：18-21)

请在以下一段为你和你的学生的祷告中，体会个中真理：

亲爱的天父，求你开＿＿＿＿＿＿的心，让他们坦然面对他们的惧怕，并让他们相信你全能的爱能帮助他们战胜惧怕。让他们将任何惧怕都带到你的面前。你完全的爱必将它们一一化解。我为他们祷告，愿他们明白在耶稣基督里你的爱使他们得自由。请帮助他们懂得你对他们的爱会转化为他们对他人的爱。他们的爱在那里软弱，你就在那里坚固他们。造就他们宽广的爱心，爱祢爱人，帮助他们细嚼从你完全的爱而来的自由，并促使他们热切地向世人传扬你完全的爱。愿祢得着荣耀，他们得着造就。奉耶稣名求，阿们。

写下你想与人分享的感想：

第四天：爱心

父啊，求祢打开我的眼睛，好使我更清晰看到祢，更透切地细味体会祢，并更释放地传扬分享祢.

请将你看为重要的字句圈起或间线：

神差他独生子到世间来，使我们借着他得生，神爱我们的心，在此就显明了。不是我们爱神，乃是神爱我们，差他的儿子，为我们的罪作了挽回祭，这就是爱了。亲爱的弟兄阿，神既是这样爱我们，我们也当彼此相爱。（约翰一书4:9-11）

请在以下一段为你和你的学生的祷告中，体会个中真理：

天父，感谢你因为你的爱已经在基督里显明！求你使 _____ 能抓紧你差独生子到世间来的大爱。帮助他们看到是他们的罪使他们与你隔绝，而你却通过耶稣的牺牲，使神人和好。让他们细味你为他们的罪牺牲的爱是何等甘甜。因着你的大爱和供应使他们的心充满无尽感恩。赐他们舍己的爱作为他们生命的独特印记。帮助他们在基督里彼此相爱正如你爱他们一样。开他们的眼睛使他们今天能看见如何把你的爱献给别人。愿祢得着荣耀，他们得着造就. 奉耶稣名求，阿们。

写下你想与人分享的感想：

第五天：爱心

父啊，求祢开我的眼睛，好使我更清晰看到祢，更透切地细味体会祢，并更释放地传扬分享祢。

请将你看为重要的字句圈起或间线：

神爱世人，甚至将他的独生子赐给他们，叫一切信他的不致灭亡，反得永生。因为神差他的儿子降世，不是要定世人的罪，乃是要叫世人因他得救。信他的人不被定罪，不信的人罪已经定了，因为他不信神独生子的名。(约翰福音 3: 16- 18)

请在以下一段为你和你的学生的祷告中，体会个中真理：

天父，请让＿＿＿＿＿＿的眼睛看到你对世人的爱，让他们感领你赐下独生儿子耶稣的伟大牺牲可使他们得永生。帮助他们感悟到耶稣来这世上不是定人的罪乃是拯救世人。保守他们的思想，不要让他们觉得信耶稣没有什么大不了。不要让他们低估拒绝神的儿子耶稣的严重后果，乃是不信的人罪已经定了。祈求祢给他们一股源动力，向别人传福音，邀请未信的人信靠耶稣，作为他们生命之主，因此得永生，就是从今时直到永远的生命。愿祢得着荣耀，他们得着造就。奉救赎我们的耶稣名求，阿们。

写下你想与人分享的感想：

第六天：爱心

父啊，求祢开我的眼睛，好使我更清晰看到祢，更透切地细味体会祢，并更释放地传扬分享祢.

请将你看为重要的字句圈起或间线：

亲爱的弟兄啊，我们应当彼此相爱，因为爱是从神来的。凡有爱心的，都是由神而生，并且认识神。没有爱心的，就不认识神，因为神就是爱。(约翰一书 4:7-8)

请在以下一段为你和你的学生的祷告中，体会个中真理：

天父，打开_____心中的眼睛使他看到爱是从你而来。除了你和你的爱，他们的心无法从别处得到满足。让他们深切地渴慕祢的爱。赐予他们爱人的心，因知道，爱人的心是从祢而生及从认识祢而来的。不要让他们轻看爱人的重要性。不要让他们对人有任何仇恨，苦毒 或鄙视。帮助他们掌握真理，就是如果我们的生活命没有活出祢的爱，那么无论我们说什么，我们都可能并没有真正的认识祢，因为祢是爱！愿祢得着荣耀，他们得着造就。奉耶稣名求，阿们。

写下你想与人分享的感想：

第七天：爱心

父啊，求祢开我的眼睛，好使我更清晰看到祢，更透切地细味体会祢，并更释放地传扬分享祢.

请将你看为重要的字句圈起或间线：

因我们还软弱的时候，基督就按所定的日期为罪人死。为义人死是少有的，为仁人死或者有敢做的；唯有基督在我们还做罪人的时候为我们死，神的爱就在此向我们显明了。 (罗马书 5: 6- 8)

请在以下一段为你和你的学生的祷告中，体会个中真理：

天父，感谢你透过拯救那些被认为不可救药的人向我们显明祢的大爱。帮助_____看到你为他们所作出的牺牲有多大。让他们目睹这伟大的牺牲的爱如何被颂扬。帮助他们软弱的心灵能感受到你无限丰盛的供应。激发他们凡事都能感恩，因为你把他们从黑暗的权势中拯救出来，并且在他们里面建立你爱子耶稣的国度。愿祢得着荣耀，他们得着造就。奉耶稣名求，阿们。

写下你想与人分享的感想：

第八周

信 心

亲自为自己的学生代祷是令人振奋的，但我在此
很想鼓励你去扩阔你的祷告圈子．就是说，每星期一次，
约定一位也肩担祷告勇士职责的朋友，与你一起祷告．
倘若负担有过于你所能及的，就考虑每月一次．逐渐你
会发觉到，与友结伴一起使用这本祷告手册顺序祈祷，
既简易，且又能彼此互励互勉.也许你会深受鼓舞，自
行设立一个祷告勇士的祈祷小组，借以加强你们为下一
代代祷的力量!

*因为无论在那里、有两三个人奉我的名聚会、那
里就有我在他们中间。*

(马太福音 18：20)

第一天: 信心

父啊，求祢开我的眼睛，好使我更清晰看到祢，更透切地细味体会祢，并更释放地传扬分享祢.

请将你看为重要的字或句圈起或间线:

人非有信、就不能得　神的喜悦. 因为到　神面前来的人、必须信有神，且信他赏赐那寻求他的人。
(希伯来书 11: 6)

请在以下一段为你和你的学生的祷告中，体会个中真理:

父啊，人非有信，就不能得着祢的喜悦. 今天我为
_____祈求，求使他们有信活在心中，促使他们有澎湃的渴慕去讨祢喜悦. 又叫他们积极渴求与祢亲近. 每日每天，或在种种关系徘徊着，或在职业前途打拼着，或苦或乐，求增添他们信心去认定祢，信靠祢. 愿他们以祢为他们信仰的核心，只要凡是出于祢的，就叫他们心满意足. 愿他们都能得着这样的心，好成为他们的赏赐. 愿神得着荣耀，他们得着造就，奉耶稣名求，阿们.

你若有任何领受或看见，请在下面分享:

第二天：信心

父啊，求祢开我的眼睛，好使我更清晰看到祢，更透切地细味体会祢，并更释放地传扬分享祢.

请将你看为重要的字或句圈起或间线：

我们既有这许多的见证人，如同云彩围着我们，就当放下各样的重担，脱去容易缠累我们的罪，存心忍耐，奔那摆在我们前头的路程，仰望为我们信心创始成终的耶稣。他因那摆在前面的喜乐，就轻看羞辱，忍受了十字架的苦难，便坐在神宝座的右边。（希伯来书 12: 1- 2）

请在以下一段为你和你学生的祷告中，体会个中的真理：

天父，祢呼召我们去奔跑而不是冲刺。我今日祈求_____能存心忍耐在天路上奔跑。不要让他们遇到困难的时候就跑岔了路。以那些已经跑过的前人的见证来激励他们，让他们放下各样缠累他们的重担，把他们从罪中释放，让他们原谅那些曾经得罪过他们的人。让他们仰望为信心创始成终的祢。给他们力量来奔跑前头的路程。给他们在祢里面的喜乐，使他们得满足和力量，驱动他们在信心中前进，为荣耀祢谋大事. 愿神得着荣耀，他们得着造就，奉耶稣名求，阿们.

写下你想与人分享的感想：

第三天: 信心

父啊, 求祢开我的眼睛, 好使我更清晰看到祢, 更透切地细味体会祢, 并更释放地传扬分享祢.

请将你看为重要的字或句圈起或间线:

坚心依赖你的, 你必保守他十分平安, 因为他倚靠你. 你们当倚靠耶和华直到永远, 因为耶和华是永久的磐石. (赛 26: 3- 4)

请在以下一段为你和你学生的祷告中, 体会个中的真理:

亲爱的天父, 祢赐十分的平安给坚信你的人. 我为_____祷告, 愿他们从今天开始, 定意在你的身上. 帮助他们在面对恐惧, 担心, 或焦虑的时候, 转向寻求你, 因为只有在你里面, 他们才有真正的自由. 帮助他们明白, 他们所经历的任何平安都是信靠你的结果, 让他们知道你是那永久的磐石, 是唯一值得信靠的. 愿他们倚靠祢直到永远, 奉耶稣名求, 阿们.

写下你想与人分享的感想:

第四天：信心

父啊，求祢开我的眼睛，好使我更清晰看到祢，更透切地细味体会祢，并更释放地传扬分享祢.

请将你看为重要的字或句圈起或间线：

耶稣对他说，你若能信，在信的人，凡事都能。孩子的父亲立时喊着说，我信。但我信不足，求主帮助。（马可福音 9: 23- 24）

请在以下一段为你和你学生的祷告中，体会个中的真理：

天父感谢你在圣经话语中给我们的应许。感谢你把盼望赐给你的儿女，就是那些在他们生命中信靠你的人。我祈求你开 _____ 的眼睛看到你的应许。帮助他们认清楚自己是否有信心。如果他们没有信心，使他们能谦卑地向你呼求："我信。但我信不足，求主帮助！"在他们简单地求更大的信心时，赐他们喜乐。天父，增强他们的信心！愿神得着荣耀，他们得着造就，奉耶稣名求，阿们.

写下你想与人分享的感想：

第五天: 信心

父啊，求祢开我的眼睛，好使我更清晰看到祢，更透切地细味体会祢，并更释放地传扬分享祢.

请将你看为重要的字或句圈起或间线:

因此，我们常为你们祷告，愿我们的神看你们配得过所蒙的召，又用大能成就你们一切所羡慕的良善和一切因信心所做的工夫，叫我们主耶稣的名在你们身上得荣耀，你们也在他身上得荣耀，都照着我们的神并主耶稣基督的恩。(帖撒罗尼迦后书 1: 11- 12)

请在以下一段为你和你学生的祷告中，体会个中的真理:

天父，当我今天为＿＿＿＿＿祈祷，我认同使徒保罗的祷告。愿他们配得所蒙的召，过一个与蒙召恩相称的生活。让他们知道他们要常在祢里面，而祢也常在他们里面，他们就多结果子；使他们知道他们要单单依靠祢才得胜，因为他们离了祢，他们就不能作什么。请给他们信心，让他们知道今天祢在他们内心工作。因着祢的伟大恩典和恩慈，我祈求祢打动他们的心，陶造他们，使他们好结果子。让他们荣耀祢的名，让这世界知道他们是祢亲爱和宝贵的儿女 。愿神得着荣耀，他们得着造就，奉耶稣名求，阿们.

写下你想与人分享的感想:

第六天: 信心

父啊，求祢开我的眼睛，好使我更清晰看到祢，更透切地细味体会祢，并更释放地传扬分享祢.

请将你看为重要的字或句圈起或间线:

你要为真道打那美好的仗，持定永生；你为此被召，也在许多见证人面前已经作了那美好的见证。(提摩太前书 6: 12)

那美好的仗我已经打过了，当跑的路我已经跑尽了，所信的道我已经守住了。从此以后，有公义的冠冕为我存留，就是按着公义审判的主到了那日要赐给我的；不但赐给我，也赐给凡爱慕他显现的人。(提摩太后书 4: 7-8)

请在以下一段为你和你学生的祷告中，体会个中的真理:

天父，做祢的追随者是一个信仰的争战；要相信祢完备的应许胜过这世界上欺骗人的承诺，胜过肉体和魔鬼的诱惑。我祈祷＿＿＿＿＿ 将他的心降服于祢，寻求圣灵的能力相信祢所有的应许。提醒他们要得胜有余乃因他们常在主里。让他们立志相信圣经话语中的真理。使他们的心因祢而欢喜快乐，因为你是他们的救主，救赎主，是他们的君王。为他们在天上预备了地方。愿祢永生的应许激励他们为真理打那美好的胜仗。愿神得着荣耀，他们得着造就，奉耶稣名求，阿们。

写下你想与人分享感想:

第七天：信心

父啊，求祢开我的眼睛，好使我更清晰看到祢，更透切地细味体会祢，并更释放地传扬分享祢.

请将你看为重要的字或句圈起或间线:

愿你与人所同有的信心显出功效，使人知道你们各样善事都是为基督做的。（腓利门书1:6）

请在以下一段为你和你学生的祷告中，体会个中的真理:

天父，祢的荣耀，慈爱和信实值得在每一个场合被宣告的。我今天祈求_____能够在祢的应许和祢的真理道上警醒，也让他们在个人生活中留心祢的慈爱和信实。使祢的信实在他们的心思意念中占首位。让他们能自由地向周围的人分享你的伟大美善，愿他们与人分享祢的信实时，满心知道他们各样善事都是为基督而作，求祢的恩惠帮助他们在世上为祢作见证，让那些听见的人知道，祢在他们身上所作的各样美事，就心被感动，谦卑下来。愿神得着荣耀，他们得着造就，奉耶稣名求，阿们。

写下你想与人分享的感想:

第九周

纯洁

如果我们对神所彰显的荣美没有强烈的渴慕，那并不是因为我们已酒酣酩酊，而感到满足，乃是因为我们在世界的餐桌上已虚耗了好一段时间来烂嚼，以致我们的灵魂满了虚浮不定的烦琐，也就再没有空间容纳真正的伟大丰盛了。

-- 约翰比伯 (John Piper) --

第一天: 纯洁

父啊, 求祢开我的眼睛, 好使我更清晰看到祢, 更透切地细味体会祢, 并更释放地传扬分享祢.

请将你看为重要的字或句圈起或间线:

你们所遇见的试探, 无非是人所能受的。神是信实的, 必不叫你们受试探过于所能受的, 在受试探的时候, 总要给你们开一条出路, 叫你们能忍受得住。(哥林多前书 1: 6)

请在以下一段为你和你学生的祷告中, 体会个中的真理:

父啊, 感谢你温馨提示, 叫我们知道, 我们遇见试探是一般人也会遇上的。我们灵魂的仇敌最想我们相信, 在各样过犯和引诱当中, 我们是孤独无援, 但你已亲自作出保证, 我们绝对不是孤身一人面对的。我祈求＿＿＿＿＿＿＿明白, 试探乃人的常情, 又叫他们知道, 祢会帮助他们战胜试探。求加添他们信心, 相信祢曾应许过, 不让他们遇见试探过于他们所能忍受的。又愿他们常常谨记祢的应许, 凡要得着最终的胜利, 务要忍耐到底。为此, 就恳求祢坚立他们的信心, 晓得完全倚靠圣灵的能力。愿神得着荣耀, 他们得着造就, 奉耶稣名求, 阿们。

写下你想与人分享的感想:

第二天：纯洁

父啊，求祢开我的眼睛，好使我更清晰看到祢，更透切地细味体会祢，并更释放地传扬分享祢．

请将你看为重要的字或句圈起或间线：

神的旨意就是要你们成为圣洁，远避淫行；要你们各人晓得怎样用圣洁、尊贵守着自己的身体，不放纵私欲的邪情，像那不认识神的外邦人…神召我们，本不是要我们沾染污秽，乃是要我们成为圣洁。所以，那弃绝的，不是弃绝人，乃是弃绝那赐圣灵给你们的神。（贴撒罗尼迦前书 4: 3-5, 7-8）

请在以下一段为你和你学生的祷告中，体会个中的真理：

天父，感谢祢让我们知道祢对我们生命的旨意。祢的旨意就是让我们成为圣洁，特别是在性关系上圣洁。我祈求祢给_____力量远避淫行。在人际关系里保护他们，保守他们的眼目不避开那些渲染邪情恶欲的宣传制作。救拔他们脱离糟蹋他们的色欲陷阱，叫他们明辨是非向往圣洁，叫他们谨慎，晓得怎样用圣洁，尊重，守着自己的身体。天父，因为祢是神圣，所以祢召我们乃是要我们成为圣洁。帮助我们掌握这个真理，如果我们拒绝祢的召命，没有过圣洁的生活，我们就是弃绝祢。愿神得着荣耀，他们得着造就，奉耶稣名求，阿们。

写下你想与人分享的感想：

第三天: 纯洁

父啊, 求祢开我的眼睛, 好使我更清晰看到祢, 更透切地细味体会祢, 并更释放地传扬分享祢.

请将你看为重要的字或句圈起或间线:

不要爱世界和世界上的事. 人若爱世界, 爱父的心就不在他里面了. 因为凡世界上的事, 就像肉体的情欲, 眼目的情欲, 并今生的骄傲, 都不是从父来的, 乃是从世界来的. 这世界和其上的情欲都要过去, 惟独遵行神旨意的, 是永远长存. (约一 2: 15-17)

请在以下一段为你和你学生的祷告中, 体会个中的真理:

亲爱的天父, 祢清清楚楚教导我们该做的和不该做的事, 可是, 我们的欲望常常让我们偏离祢的道. 我为_____祷告, 求祢赐给他们渴慕祢的心, 让他们在祢里面有无比的欢欣. 请阻止世上的爱欲潜入他们的心, 让他们在面对肉体情欲的诱惑时, 意识到事情的严重性. 开他们心灵的眼睛, 让他们明白贪爱世界和世界上的事是徒劳无益的. 激励他们, 让他们对祢的爱在长度, 阔度, 高度, 深度上长进. 愿神得着荣耀, 他们得着造就, 奉耶稣名求, 阿们.

写下你想与人分享的感想:

第四天: 纯洁

父啊, 求祢开我的眼睛, 好使我更清晰看到祢, 更透切地细味体会祢, 并更释放地传扬分享祢.

请将你看为重要的字或句圈起或间线:

那能保守你们不失脚, 叫你们无瑕无疵, 欢欢喜喜站在他荣耀之前的, 我们的救主独一的神。愿荣耀, 威严, 能力, 权柄, 因我们的主耶稣基督, 归与他, 从万古以前, 并现今, 直到永永远远。阿们。（犹大书 1: 24- 25）

请在以下一段为你和你学生的祷告中, 体会个中的真理:

天父, 今天我把 ＿＿＿＿＿＿ 交托在祢手中。唯有祢能保守他们不失脚, 并因祢的同在叫他们无瑕无疵。不要让他们因罪恶和试探而偏离祢。求祢把他们的心思意念夺回, 晓得在祢奇妙的那日子可以欢欢喜喜站在祢的荣耀中。使他们能坚固稳定地转向祢和祢的旨意。叫他们渴慕祢和祢的同在。愿祢的名得被称颂直到永远, 奉耶稣名求, 阿们。

写下你想与人分享的感想:

第五天：纯洁

父啊，求祢开我的眼睛，好使我更清晰看到祢，更透切地细味体会祢，并更释放地传扬分享祢.

请将你看为重要的字或句圈起或间线：

神啊，求你为我造纯洁的心，使我里面重新有正直的灵。不要丢弃我，使我离开你的面，不要从我收回你的圣灵。求你使我仍得救恩之乐，赐我乐意的灵扶持我。（诗篇 51: 10- 12）

请在以下一段为你和你学生的祷告中，体会个中的真理：

天父，唯独祢可以为我们造纯洁的心，使我们里面重新有正直的灵。让 _____ 他们知道要先来到祢面前，方能得着满足。这样祢就可以洁净他们的心灵，让他们内心重新有正直的灵。帮助他们有良心，知道自己顶撞祢而心感沉痛，请不要让他们对生活中的罪麻木，不知悔改而安于现状，让他们渴望寻求祢的面，并不偏离祢。祈求帮助他们晓得圣灵的带领而知罪，愿他们追求救恩的喜乐，多于追求世上其他一切的人或事。让他们在圣灵所运行的大能中喜乐。愿神得着荣耀，他们得着造就，奉耶稣名求，阿们。

写下你想与人分享的感想：

第六天：纯洁

父啊，求祢开我的眼睛，好使我更清晰看到祢，更透切地细味体会祢，并更释放地传扬分享祢.

请将你看为重要的字或句圈起或间线：

愿赐平安的神亲自使你们全然成圣！又愿你们的灵与魂与身子得蒙保守，在我们主耶稣基督降临的时候完全无可指摘！那召你们的本是信实的，他必成就这事。请弟兄们为我们祷告。(帖撒罗尼迦前书 5: 23- 25)

请在以下一段为你和你学生的祷告中，体会个中的真理：

天父，我要赞美祢，你是赐平安的神。我向祢呼求使＿＿＿＿全然成圣。请祢洁净他们，保守他们的身，心，灵在祢面前无可指责。我听见祢的名声，你对儿女的全然信实，令我们心生敬畏。谢谢祢在他们每一个人身上所作得救的功夫。不要让他们离开祢的真理，四处流离，帮助他们每天降伏于祢。愿祢使他们有能力在成圣的道上不失脚，挪去瀍累他们的罪和包袱。好使他们前行满有祢的平安。愿神得着荣耀，他们得着造就，奉耶稣名求，阿们。

写下你想与人分享的感想：

第七天：纯洁

父啊，求祢开我的眼睛，好使我更清晰看到祢，更透切地细味体会祢，并更释放地传扬分享祢.

请将你看为重要的字或句圈起或间线:

人所行的在自己眼中都看为正，唯有耶和华衡量人心。(箴言 21: 2)

人一切所行的在自己眼中看为纯洁，唯有耶和华衡量人心。(箴言 16: 2)

人心比万物都诡诈，坏到极处，谁能识透呢？
「我耶和华是鉴察人心、试验人肺腑的，…」(耶利米书 17: 9- 10)

请在以下一段为你和你学生的祷告中，体会个中的真理:

天父，自从我们在伊甸园里犯了罪离弃祢后，我们还以为我们所选择的路是最好的。然而祢的道路才是最好的。请原谅我们自欺，误以为自己的路是正确的。今天我为 _____ 祈祷，祈求他们认清自己内心的真面目。就让他们谦虚地与祢同行，因为你识透他们的心肠肺腑，知道他的思想意向。更新他们的心归向你，遵行你的旨意，使他们向祢和人们的态度温柔受教。让他们顺服祢的灵和祢的道，求祢指教他们，引导他们走当行的路。愿祢得着荣耀，他们得着造就，奉耶稣名求，阿们。

写下你想与人分享的感想:

第十周

言 語

这本手册其中一个安排是帮助你为下一代代祷时，能引用经文为祷文祷告，有若呼吸般自然． 但有别于呼吸的是，你得事先做少许练习，才能把认定的钥节转化为祷文．在这本手册的最后一章，特别为你提供机会去设计自己的祷文． 有鉴于此，我鼓励你由现在开始，每逢祷告时遇上某些富勉励性的或触动你心灵的字句，就把它们笔录下来． 此外，还得要刻意找出切题的经文去配合你祷告的重点．总得记住，每当你为你的学生预备祷文时，先向神祈求恩惠的帮助，好使他们蒙福．

第一天: 言语

父啊，求祢开我的眼睛，好使我更清晰看到祢，更透切地细味体会祢，并更释放地传扬分享祢.

请将你看为重要的字或句圈起或间线:

污秽的言语、一句不可出口、只要随事说造就人的好话、叫听见的人得益处。 (以弗所书 四: 29)
淫词、妄语、和戏笑的话、都不相宜、总要说感谢的话。 (以弗所书 五: 4)

请在以下一段为你和你学生的祷告中，体会个中的真理:

父啊, 祈求＿＿＿＿＿＿能说出造就人的恩言，说话有条不紊. 凡他们所说的, 愿能造就他人, 叫听见的人得益处. 求保守他们, 远离污秽的妄语. 又求勒住他们的舌头, 不说淫词和戏笑的话. 帮助他们能用恩慈和鼓励的言语与人交谈. 愿他们晓得因着祢为他们所做的一切而感恩. 愿感谢的话由他们口中滔滔不绝, 随随流出, 叫祢得着颂赞, 他人软被振奋。愿祢得着荣耀, 他们得着造就, 奉耶稣名求, 阿们。

写下你想与人分享的感想:

第二天: 言语

父啊，求祢开我的眼睛，好使我更清晰看到祢，更透切地细味体会祢，并更释放地传扬分享祢.

请将你看为重要的字或句圈起或间线:

…应当一无挂虑，只要凡事借着祷告、祈求，和感谢，将你们所要的告诉神。神所赐、出人意外的平安必在基督耶稣里保守你们的心怀意念。（腓立比书4:6-7）

请在以下一段为你和你学生的祷告中，体会个中的真理:

天父，感谢祢，无论何景况祢是我们的盼望。我们不需要害怕或是焦虑，但当我们惧怕或挂虑，我们可以到祢面前来祷告。感谢祢的恩惠。我今天为_____ 祷告，让他们在任何景况下都热切到祢面前来。帮助他们知道祢悦纳他们馨香的祭，就是他们所献上的祷文。我祈求祢出人意外的平安，充满他们在基督里的心怀意念。祢大有能力的平安，保守他们的心思意念，免去害怕和焦虑。让他们不住祷告，或说话或行事都以祷告为念。愿祢得着荣耀，他们得着造就，奉耶稣名求，阿们。

写下你想与人分享的感想:

第三天: 言语

父啊, 求祢开我的眼睛, 好使我更清晰看到祢, 更透切地细味体会祢, 并更释放地传扬分享祢.

请将你看为重要的字或句圈起或间线:

你们要恒切祷告, 在此警醒感恩; 也要为我们祷告, 求神给我们开传道的门, 能以讲基督的奥秘, 叫我按着所该说的话将这奥秘发明出来. (歌罗西书 4:2-4)

请在以下一段为你和你学生的祷告中, 体会个中的真理:

亲爱的天父, 感谢祢给我们机会在世上传扬祢的伟大. 我为_____祷告, 愿他们发挥他们的能力来分享基督的荣美. 让他们深切理解和掌握祢真理的道. 求祢为他们开传道的门, 让他们自由地, 随时随地传扬真理. 帮助他们, 让他们学习祢圣经的话语越多, 对祢的爱就越深. 让他们明了祢对这个世界的爱和旨意, 并赐给他们有能力向人辨明基督的奥秘, 说该说的话. 无论得时不得时, 释放他们分享祢的道. 愿他们恒切祷告, 感谢祢赐予机会说明祢话语的真理。愿神得着荣耀, 他们得着造就, 奉耶稣名求, 阿们。

写下你想与人分享的感想:

第四天：言语

父啊，求祢开我的眼睛，好使我更清晰看到祢，更透切地细味体会祢，并更释放地传扬分享祢.

请将你看为重要的字或句圈起或间线：

你们的言语要常常带着和气，好像用盐调和，就可知道该怎样回答各人。 （歌罗西书4:6）

请在以下一段为你和你的学生的祷告中，体会个中真理：

天父，今天我求祢用祢的智慧，爱心，信心和纯洁浇灌 _____ 。帮助他们认识到只有靠祢的恩典他们的说话才能讨祢的喜悦。在他们里面塑造言语，是带着和气又像用盐调和的言语。让他们成为一块吸引美丽交谈的磁体。愿人因他们所说的话对祢和祢的真道产生饥渴慕义的追求。给他们深度，长存的智慧以致他们与人的交谈能荣耀祢。愿祢得着荣耀，他们得着造就，奉耶稣名求，阿们。

写下你想与人分享的感想：

第五天：言语

父啊，求祢开我的眼睛，好使我更清晰看到祢，更透切地细味体会祢，并更释放地传扬分享祢.

请将你看为重要的字或句圈起或间线：

唯有那愚拙无学问的辩论，总要弃绝，因为知道这等事是起争竞的。然而主的仆人不可争竞，只要温温和和地待众人，善于教导，存心忍耐，用温柔劝诚那抵挡的人，或者神给他们悔改的心，可以明白真道，⋯ (提摩太后书 2：23-25)

请在以下一段为你和你的学生的祷告中，体会个中真理：

天父，保守_____今天不要作愚蠢的言论。在与人交谈中，给他们智慧去辨认无意思的争论。帮助他们弃绝那些无谓争竞的言语。赐他们力量能友善对人，而不是争吵。当他们需要作出劝戒，纠正别人时，让他们充满祢的温柔和爱心，让他们忍耐，用循循善诱的言语，使人明白真道用。当祢的儿女用诸般的恩惠传讲你的时候，愿一切归於祢的名，奉耶稣名求，阿们。

写下你想与人分享的感想：

第六天：言语

父啊，求祢开我的眼睛，好使我更清晰看到祢，更透切地细味体会祢，并更释放地传扬分享祢．

请将你看为重要的字或句圈起或间线：

要常常喜乐，不住地祷告，凡事谢恩，因为这是神在基督耶稣里向你们所定的旨意。（帖撒罗尼迦前书 5：16-18)
我们为你们众人常常感谢神，祷告的时候提到你们…（帖撒罗尼迦前书 1：2）

请在以下一段为你和你的学生的祷告中，体会个中真理：

天父，感谢祢清楚在耶稣基督里表明对我们的旨意。我祷告＿＿＿＿＿会有一个以喜乐，祈祷 和感恩为标志的生活方式。让他们在祢的恩惠中，每一天都找到快乐， 帮助他们透过赞美祢的祷告来表达喜乐。每一天让他们渴望能看到祢的伟大丰盛， 并帮助他们於不住祷告中表明对祢的渴求，让他们的祷告满溢着凡事谢恩的言语。开他们的眼，使他们能看见祢在众人身上，并透过众人所作美好的善工。使他们的心对祢充满感恩。愿祢得着荣耀，他们得着造就，奉耶稣名求，阿们。

写下你想与人分享的感想：

第七天: 言语

父啊, 求祢开我的眼睛, 好使我更清晰看到祢, 更透切地细味体会祢, 并更释放地传扬分享祢.

请将你看为重要的字或句圈起或间线:

若有人自以为虔诚, 却不勒住他的舌头, 反欺哄自己的心, 这人的虔诚是虚的。(雅各书 1: 26)

请在以下一段为你和你的学生的祷告中, 体会个中真理:

天父, 谢谢祢提醒我们, 让我们知道我们的说话语气是要紧的! 我们有没有能力勒紧舌头, 说该说的话, 正正反映了我们与祢的真实关系。鲁莽的言语揭示了我们需要恩主的帮助。今天我为 _____ 祈祷, 祈求赐他们力量, 小心他们的言语谈话。帮助他们看到他们的言语如何揭示他们内心的光景。当他们谈吐失当, 请令他们认罪悔改。我祈求他们会转向祢和祢圣灵的大能, 在恩典中更新他们的心思和言语。愿祢得着荣耀, 他们得着造就, 奉耶稣名求, 阿们。

写下你想与人分享的感想:

第十一周

行为

　　祈祷是恳求神道成肉身，取以人的样式，住在我们中间，是圣洁的住在污秽中，以义的代替不义的。是的，永生神纡尊降贵。我们已然知道祂为门徒洗脚的好榜样，就让我们抓紧神的话，向祂祈求，告诉祂你所想所求的。是的，效法基督，自甘卑微吧。写下你的祈求，总不要让生命漫无目的地被美式生活的繁忙所麻木了。倘若你意图去捉紧一天，为自己攫取浮生半日，只恐怕最终你反被这一天撕碎了。你脚要抓紧耶稣的衣裳穗子，得不着祂的祝福就不放手。这样祂必重生模造你的日子。

　　-- 保罗米勒（Paul E. Miller）--

　　所以你们要自卑、服在 神大能的手下、到了时候他必叫你们升高。你们要将一切的忧虑卸给 神、因为他顾念你们。

　　（彼得前书 五: 6-7）

第一天: 行为

父啊，求祢开我的眼睛，好使我更清晰看到祢，更透切地细味体会祢，并更释放地传扬分享祢.

请将你看为重要的字或句圈起或间线:

我是葡萄树、你们是枝子. 常在我里面的、我也常在他里面、这人就多结果子. 因为离了我、你们就不能作什么。(约翰福音 十五: 5)

请在以下一段为你和你的学生的祷告中，体会个中真理:

父啊，感谢祢清楚说出，我们在所有事情上都需要祢. 倘若我们愿意自己的灵命得着兴旺的指望，就必须倚靠祢, 在耶稣里面活着. 离了祢，我们都不能作什么. 因为有祢，我们每天都得着力量，得着巩固. 求祢今日就叫_____住在祢里面. 借着祢圣灵的能力，使他们结出永恒的果子. 求赐他们有热切期待常在祢里面活着，并引领他人来到祢跟前，在祢里面寻得最大的满足。愿祢得着荣耀，他们得着造就，奉耶稣名求，阿们。

写下你想与人分享的感想:

第二天：行为

父啊，求祢开我的眼睛，好使我更清晰看到祢，更透切地细味体会祢，并更释放地传扬分享祢.

请将你看为重要的字或句圈起或间线：

我们既因信称义，就借着我们的主耶稣基督得与神相和。我们又借着他，因信得进入现在所站的这恩典中，并且欢欢喜喜盼望神的荣耀。不但如此，就是在患难中也是欢欢喜喜的。因为知道患难生忍耐，忍耐生老练，老练生盼望，盼望不至于羞耻，因为所赐给我们的圣灵将神的爱浇灌在我们心里。
(罗马书5: 1-5)

请在以下一段为你和你的学生的祷告中，体会个中真理：

天父啊，我祈求_____能了解他们所面对的每个挑战和考验都有祢的美意；愿神的道路远过我们眼见的道路，提醒他们是因为信，他们才得以进入现在所站的这恩典中。他们不可以取代祢的荣耀。帮助他们看见祢磨练他们时，才会生出老练和盼望。让他们看见，细味体会圣灵在他们心里所浇灌的大爱。愿他们从患难中所生的忍耐，能满口向祢发出感恩，赞美。愿他们在祢里面的盼望，驱使他们向着信心的生活前进。愿祢得着荣耀，他们得着造就，奉耶稣名求，阿们。

写下你想与人分享的感想：

第三天: 行为

父啊, 求祢开我的眼睛, 好使我更清晰看到祢, 更透切地细味体会祢, 并更释放地传扬分享祢.

请将你看为重要的字或句圈起或间线:

主人说: "好, 你这又良善又忠心的仆人, 你在不多的事上有忠心, 我要把许多事派你管理, 可以进来享受你主人的快乐." (马太福音 25: 21)
我们原是他的工作, 在基督耶稣里造成的, 为要叫我们行善, 就是神所预备叫我们行的. (以弗所书 2: 10)

请在以下一段为你和你的学生的祷告中, 体会个中真理:

父啊, 赐给我们与生俱来的能力和独特个性, 好叫我们成全祢的旨意。我们求＿＿＿＿＿＿能热切完成祢在他们人生中的指望。让他们持守祢的旨意, 做个良善的仆人, 忠心到底。愿祢至高天上的旨意成为他们人生的首要本份, 愿他们忠心, 尽心尽性尽意尽力爱祢, 并且爱人如己。在他们迈步忠心侍主之里程之际, 求祢帮助他们有一个好的开始, 更重要是让他们奋力完成他们所作的工。愿他们听到祢的赞赏: "好, 你这又良善又忠心的仆人", "可以进来享受你主人的快乐"。愿祢得着荣耀, 他们得着造就, 奉耶稣名求, 阿们。

写下你想与人分享的感想:

第四天: 行为

父啊，求祢开我的眼睛，好使我更清晰看到祢，更透切地细味体会祢，并更释放地传扬分享祢.

请将你看为重要的字或句圈起或间线:

你们是世上的光。城造在山上，是不能隐藏的。人点灯，不放在斗底下，是放在灯台上，就照亮一家的人。你们的光也当这样照在人前，叫他们看见你们的好行为，便将荣耀归给你们在天上的父。（马太福音 5: 14- 16）

请在以下一段为你和你的学生的祷告中，体会个中真理:

父啊，祢呼召了我们，让我们照亮这个世界，因此世人晓得祢是伟大的神。我祈求＿＿＿＿＿＿能领悟这生命的呼召，见证祢的荣耀，为祢发光。让他们的光芒不为表面的羞愧惧怕所隐藏。使他刚强壮胆，以致能行出爱心，恩慈，怜悯，公义的各样善事，好叫世人为祢的丰盛伟大所吸引。让他们洞悉到原来他们的好行为，会帮助他人乐意参与服侍人，荣耀神的行列。愿对祢的颂赞存到永远。奉耶稣名求，阿们。

写下你想与人分享的感想:

第五天: 行为

父啊，求祢开我的眼睛，好使我更清晰看到祢，更透切地细味体会祢，并更释放地传扬分享祢.

请将你看为重要的字或句圈起或间线:

要彼此同心；不要志气高大，倒要俯就卑微的人；不要自以为聪明。不要以恶报恶。众人以为美的事，要留心去做。若是能行，总要尽力与众人和睦。
(罗马书 12: 16-18)

请在以下一段为你和你的学生的祷告中，体会个中真理:

父啊，祢对我们生命的呼召是切身和适切的。感谢祢在这段经文的训诫，教我们怎样与人相处，过一个丰盛的人生。我祈求_____在追求与人和谐共处时，能找到喜乐。不要让他们看自己过于他们所当看的，倒是要俯就卑微的人。帮助他们抵挡骄傲的灵，激发他们与一些没比他们那么幸运的人们接触，让他们知道所拥有的一切都是祢恩手供应。当他们屈曲受苦，永不要让他们存报复心。让圣灵的大能引导他们去作众人都以为美的事。我们要思想耶稣如何为我们忍受罪人的顶撞和羞辱，求使他们有一个热切的渴望，追求与众人和平共处。愿祢得着荣耀，他们得着造就，奉耶稣的名，阿们。

写下你想与人分享的感想:

第六天: 行为

父啊，求祢开我的眼睛，好使我更清晰看到祢，更透切地细味体会祢，并更释放地传扬分享祢.

请将你看为重要的字或句圈起或间线:

*所以，你们或吃或喝，无论做什么，都要为荣耀神
而行。(哥林多前书 10: 31)*
*无论做什么，或说话或行事，都要奉主耶稣的名，
借着他感谢父神。(歌罗西书 3: 17)*

请在以下一段为你和你的学生的祷告中，体会个中真理:

天父，谢谢祢，我们的生命属于祢。为祢荣耀的缘故，祢用大能创造了我们。我们只有为祢的荣耀而活时我们的生命才得满足。我祈祷祢今天向_____显示祢自己，使他们知道祢同在的甘甜和能力。求赐他们力量，热情与想望，使他们或吃，或喝，或说话，或行事，都为荣耀祢而行。帮助他凡事感恩，让他们享受生命中的每一刻，因知道生命是祢恩惠的赐予。让他们说话行事处处从心底涌流出感谢。提醒他们祢是厚赐百物的神，今天无论他们做任何事，愿祢的名被高举。愿祢得着荣耀，他们得着造就。奉耶稣的名，阿们。

写下你想与人分享的感想:

第七天: 行为

父啊，求祢开我的眼睛，好使我更清晰看到祢，更透切地细味体会祢，并更释放地传扬分享祢.

请将你看为重要的字或句圈起或间线:

总要趁着还有今日，天天彼此相劝，免得你们中间有人被罪迷惑，心里就刚硬了。(希伯来书 3: 13)

请在以下一段为你和你的学生的祷告中，体会个中真理:

天父，谢谢祢没有让我们孤孤身去走人生路。感谢祢对我们的关注，让圣经我教导使我们归正。祢使我们归正显明了祢对我们伟大的爱。我祈求祢在_____的生活中兴起一些可靠，对他们负责任的朋友们。帮助他们认识到在爱里的责备和修正是祢的恩典，保守他们远离罪恶，提醒他们欺骗的本质是叫人盲目， 求开他们的眼睛看到罪使人蒙蔽。保守他们不要反叛那些在他们生命中用真理挑战他们的人， 保护他们不会对真理硬着心肠。愿祢得着荣耀，他们得着造就。奉耶稣的名，阿们。

写下你想与人分享的感想:

第十二周

以箴言祷告

　　使用经文作为祈祷的祷文，是一个令你振奋操练，叫你的心思，意念为戈中而敞开。当你为年轻朋友代祷时，你会发觉到，你需要围绕着生命七个素要的实践而祈祷。故此，我就在这里鼓励你以箴言作为祈祷的祷文。其实，神已在箴言书内，把生命各方面的实况，简洁又清晰地列明出来，握扼要地将真理呈献。新颖震颤动人，写实等题裁，乃是踏足尘寰中最有智的人，以明敏清晰的笔触写的 —— 固然是所罗门为代表而非耶稣。这卷书总共有三十一章书，随个人喜好，你可每日以一章书为祈祷的祷文。抑或你喜欢松容一点，在一周内只以一章书来祈祷。以本星期为例，我将以箴言第三章作为示范，说明如何在一周内以一章书作为该星期的祷告内容。其实，当你以整卷箴言三十一章作祈祷时，你已然为生命七素质的各个要素祈祷了。愿赞美归与上帝！

第一天：以箴言祷告

父啊，求祢开我的眼睛，好使我更清晰看到祢，更透切地细味体会祢，并更释放地传扬分享祢.

请将你看为重要的字或句圈起或间线：

我儿、不要忘记我的法则. 〔或作指教〕你心要谨守我的诫命. 因为他必将长久的日子、生命的年数、与平安、加给你。不可使慈爱诚实离开你. 要系在你颈项上、刻在你心版上. 这样、你必在 神和世人眼前蒙恩宠、有聪明。（箴言 三：1-4)

请在以下一段为你和你学生的祷告中，体会个中的真理：

> 父啊，今天我为＿＿＿＿＿＿祈祷，求祢赐他们有好的记性，清楚地记住祢道中的真理，日久常新。求叫他们谨守祢的诫命，成为他们每日的引导，以致他们得着长久，满有平安的生命。帮助他们以祢的慈爱诚实，作为他们心思中居首。愿他们写下祢的慈爱和诚实，成为他们人生的左右铭。让他们晓得，他们如此行就必能在神和世人眼前蒙恩宠，有聪明。愿祢得着荣耀，他们得着造就，奉耶稣名求，阿们。

写下你想与人分享的感想：

第二天: 以箴言祷告

父啊，求祢开我的眼睛，好使我更清晰看到祢，更透切地细味体会祢，并更释放地传扬分享祢.

请将你看为重要的字或句圈起或间线:

你要专心仰赖耶和华，不可倚靠自己的聪明，在你一切所行的事上都要认定他，他必指引你的路。不要自以为有智慧；要敬畏耶和华，远离恶事。这便医治你的肚脐，滋润你的百骨。（箴言 3：5-8）

请在以下一段为你和你学生的祷告中，体会个中的真理:

天父，感谢祢的应许。求你让_____今日对祢和祢的应许有完完全全、坚定不移的仰赖。不要让他们倚靠自己有限并偏颇的聪明。赐给他们能力，让他们看到和认定祢每天在他们生命中所做的工；相信祢必指引他们的路。保守他们，免得让他们自以为有智慧。叫他们敬畏祢，远离一丝一毫的恶事。不要让他们以为可以在最微不足道的恶事上贪欢窃喜。在他们里面建立对祢的圣洁公义的渴慕，好来赞美祢和祢恩典的美善。愿祢来医治和滋润他们的肚脐百骨，让世人看到祢的丰盛大能。愿祢得着荣耀，他们得着造就，奉耶稣名求，阿们。

写下你想与人分享的感想:

第三天: 以箴言祷告

父啊, 求祢开我的眼睛, 好使我更清晰看到祢, 更透切地细味体会祢, 并更释放地传扬分享祢.

请将你看为重要的字或句圈起或间线:

你要以财物和一切初熟的土产尊荣耶和华。这样,你的仓库必充满有余, 你的酒醡有新酒盈溢。我儿,你不可轻看耶和华的管教, 也不可厌烦他的责备。因为耶和华所爱的, 他必责备, 正如父亲责备所喜爱的儿子。 (箴 3: 9-12)

请在以下一段为你和你学生的祷告中, 体会个中的真理:

亲爱的天父, 我们赞美祢。祢是供应万物的州。我为＿＿＿＿＿＿祷告, 让他们今天就为祢敞开心怀。请给他们满心的欢乐, 用祢所赐的财物来尊荣祢。帮助他们明白他们的指望在于祢, 而不在于银行里有多少存款。祢的应许是真实的。祢圣经的话语已讲明了, 只要他们信靠祢, 祢就会照看他们。再次提醒他们, 祢对他们的每一次管教, 都显明祢对他们无比的爱。愿祢得着荣耀, 他们得着造就, 奉耶稣名求, 阿们。

写下你想与人分享的感想:

第四天：以箴言祷告

父啊，求祢开我的眼睛，好使我更清晰看到祢，更透切地细味体会祢，并更释放地传扬分享祢．

请将你看为重要的字或句圈起或间线：

得智慧，得聪明的，这人便为有福。因为得智慧胜过得银子，其利益强如精金。比珍珠（或作红宝石）宝贵。你一切所喜爱的，都不足与比较。他右手有长寿。左手有富贵。他的道是安乐，他的路全是平安。他与持守他的作生命树。持定他的俱各有福。
（箴言 3：13-18）

请在以下一段为你和你学生的祷告中，体会个中的真理：

天父，今天我为 ＿＿＿＿＿ 向祢祷告。愿他们知道得智慧，得聪明的人是有福的。让他们热切寻求聪明智慧。让他们体会到生命的宝贵，乃在于一个标志着从祢而来的智慧又通达的人生。愿长筹、富足、尊荣于他们有份，让他们在祢智慧的道上追随祢的平安，安乐时，得着大喜乐。使他们的人生之路通向生命树，特别是通向基督的十字架而得生。让他们的心追求祢的智慧胜过其他一切。愿祢得着荣耀，他们得着造就，奉耶稣名求，阿们。

写下你想与人分享的感想：

第五天: 以箴言祷告

父啊，求祢开我的眼睛，好使我更清晰看到祢，更透切地细味体会祢，并更释放地传扬分享祢.

请将你看为重要的字或句圈起或间线:

耶和华以智慧立地，以聪明定天，以知识使深渊裂开，使天空滴下甘露。我儿，要谨守真智慧和谋略，不可使他离开你的眼目。这样，他必做你的生命，颈项的美饰。你就坦然行路，不致碰脚。你躺下，必不惧怕；你躺卧，睡得香甜。 (箴言 3:19-24)

请在以下一段为你和你学生的祷告中，体会个中的真理:

天父，祢以智慧立地，以聪明定天，我们为此赞美祢的名。我祈求 _____ 能从天上的每颗星星和地上的每片绿草中，看到祢在创造中厚赐万物，愿他们细味感悟祢丰满伟大的智慧。每当小雨点洒在他们的脸上，就让祢的至高天上的权能润泽和鼓励他们的心，并使他们在日常生活中，智慧和聪明不离开他们的眼目，让他们谨守真智慧和谋略而欢愉。愿他们的尝到心灵中智慧和谋略所结的善果。让他们坦然安稳平静，每天睡得香甜。愿祢得着荣耀，他们得着造就，奉耶稣名求，阿们。

写下你想与人分享的感想:

第六天: 以箴言祷告

父啊，求祢开我的眼睛，好使我更清晰看到祢，更透切地细味体会祢，并更释放地传扬分享祢.

　　　请将你看为重要的字或句圈起或间线:

忽然来的惊恐，不要害怕；恶人遭毁灭，也不要恐惧。因为耶和华是你所倚靠的，他必保守你的脚不陷入网罗。你手若有行善的力量，不可推辞，就当向那应得的人施行。你那里若有现成的，不可对邻舍说：「去吧，明天再来，我必给你。」(箴言 3: 25-28)

请在以下一段为你和你学生的祷告中，体会个中的真理:

天父，今天我为_____祷告，祈求他们不会因为世界上发生的坏事而惊恐。给他们在祢里面有勇敢的信心，因为祢是他们伟大的救赎主及生命的主。愿他们在祢里面有平安的信心，因着他们的信，也使他人以祢为盼望。让他们轻看物质的东西而坚定的抓紧祢。让他们慷慨的使用他们的生命资源，愿他们有能力的时候祝福，施恩惠给别人。现在就让他们热切投入帮助别人，愿他们手中有行善的力量时，并不推辞，向那些应得的人施恩。愿祢得着荣耀，他们得着造就，奉耶稣名求，阿们。

　　　写下你想与人分享的感想:

第七天：以箴言祷告

父啊，求祢开我的眼睛，好使我更清晰看到祢，更透切地细味体会祢，并更释放地传扬分享祢.

请将你看为重要的字或句圈起或间线：

你的邻舍既在你附近安居，你不可设计害他。人未曾加害于你，不可无故与他相争。不可嫉妒强暴的人，也不可选择他所行的路。因为乖僻人为耶和华所憎恶，正直人为他所亲密。耶和华咒诅恶人的家庭，赐福于义人的居所。他讥诮那好讥诮的人，赐恩给谦卑的人。智慧人必承受尊荣，愚昧人高升也成为羞辱。（箴言 3：29-35)

请在以下一段为你和你学生的祷告中，体会个中的真理：

天父，祢所有的道路美善，那些行在祢智慧中的人要得着尊荣。我祈求 _____ 将会谦卑的行在祢的智慧中，以致他们能晓得你恩典与光荣的甘甜。保守他们从不会有意设计的去加害他人，并且帮助他阻止这样做的人。在人际关系中让他们成为和平使者。开他们的眼目，看见何时他们变得与他人相争，便求祢施恩能速速从争竞的路上回转。提醒他们歪曲的道路从来有别于祢的道路，永远不会得到祢的祝福，而那些正直的人会知道祢的恩惠和恩慈是何等的深厚。愿祢得着荣耀，他们得着造就，奉耶稣名求，阿们。

写下你想与人分享的感想：

第十三周

杠杆原理祷告

　　杠杆原理祷告是以圣经经文来呈献一个祈祷与及其功用架构，也许这样的定义永不会被编修入字典，但我们可以清晰看见，以圣经来祈祷的能力和效用。从"因此""使你们""以至于"這些转接词的运用，我们可以鉴定何谓杠杆原理祷告。这些转接词成为祈祷本身和祈祷出来果效的桥梁。杠杆原理祷告是神的恩赐，帮助我们明白具体地为特定的事情祈祷时，将可以发生的事。使用 S3 的步骤方式来祈祷，可使杠杆原理祷告达到最大的果效：

眼看－确认祷文中的关键部份，同时鉴定每个祈求中
　　　　"因此"這转接词在段落中所帶出的果效部份。

细味－让这些祈祷成为你个人的祈祷。在神使你有所共
　　　　鸣的重要部份翱翔，细嚼回味。

分享－要专注向那些神引领到你生命中的人，分享你在
祷告中所看见，所体会到神的伟大丰盛。

(不要忘记阅读附录《与青少年交流的十个技巧》)

第一天

父啊！求祢开我的眼睛，好使我更清晰看到祢，更透切
地细味体会祢，并更释放地传扬分享祢！

*因此，我既听见你们信从主耶稣，亲爱众圣徒，就为你
们不住的感谢神。祷告的时候，常提到你们，求我们主
耶稣基督的神，荣耀的父，将那赐人智慧和启示的灵赏
给你们，使你们真知道他，并且照明你们心中的眼睛，
使你们知道他的恩召有何等指望，他在圣徒中得的基业
有何等丰盛的荣耀；并知道他向我们这信的人所显的能
力是何等浩大，就是照他在基督身上所运行的大能大力，
使他从死里复活，叫他在天上坐在自己的右边，远超过
一切执政的、掌权的、有能的、主治的，和一切有名的；*

不但是今世的，连来世的也都超过了。又将万有服在他
的脚下，使他为教会作万有之首。教会是他的身体，是
那充满万有者所充满的。（以弗所书 1: 15- 23)

祷告：

祷告的得着：

第二天

父啊！求祢开我的眼睛，好使我更清晰看到祢，更透切
地细味体会祢，并更释放地传扬分享祢！

因此，我在父面前屈膝，（天上地上的各（或作：全）
家，都是从他得名）求他按着他丰盛的荣耀，借着他的
灵，叫你们心里的力量刚强起来，使基督因你们的信，

住在你们心里，叫你们的爱心有根有基，能以和众圣徒一同明白基督的爱是何等长阔高深，并知道这爱是过于人所能测度的，便叫神一切所充满的，充满了你们。

（以弗所书 3: 14-19）

祷告：

祷告的得着：

第三天

父啊！求祢开我的眼睛，好使我更清晰看到祢，更透切地细味体会祢，并更释放地传扬分享祢！

我所祷告的，就是要你们的爱心在知识和各样见识上多而又多，使你们能分别是非（或作：喜爱那美好的事），作诚实无过的人，直到基督的日子；并靠着耶稣基督结满了仁义的果子，叫荣耀称赞归与神。（腓立比书 1:9-11）

祷告：

祷告的得着：

第四天

父啊！求祢开我的眼睛，好使我更清晰看到祢，更透切地细味体会祢，并更释放地传扬分享祢！

因此，我们自从听见的日子，也就为你们不住的祷告祈求，愿你们在一切属灵的智慧悟性上，满心知道神的旨意；好叫你们行事为人对得起主，凡事蒙他喜悦，在一切善事上结果子，渐渐的多知道神；照他荣耀的权能，得以在各样的力上加力，好叫你们凡事欢欢喜喜的忍耐宽容；又感谢父，叫我们能与众圣徒在光明中同得基业。
（歌罗西书 1: 9- 12）

祷告：

祷告的得着：

第五天

父啊！求祢开我的眼睛，好使我更清晰看到祢，更透切地细味体会祢，并更释放地传扬分享祢！

又愿主叫你们彼此相爱的心，并爱众人的心都能增长、充足，如同我们爱你们一样；好使你们当我们主耶稣同他众圣徒来的时候，在我们父神面前，心里坚固，成为圣洁，无可责备。（帖撒罗尼迦前书3:12-13）

祷告：

祷告的得着：

第六天

父啊！求祢开我的眼睛，好使我更清晰看到祢，更透切地细味体会祢，并更释放地传扬分享祢！

因此，我们常为你们祷告，愿我们的神看你们配得过所蒙的召，又用大能成就你们一切所羡慕的良善和一切因信心所作的工夫；叫我们主耶稣的名在你们身上得荣耀，你们也在他身上得荣耀，都照着我们的神并主耶稣基督的恩。　　　　　　　　　　（帖撒罗尼迦后书 *1: 11- 12*）

祷告：

祷告的得着：

第七天

父啊！求祢开我的眼睛，好使我更清晰看到祢，更透切地细味体会祢，并更释放地传扬分享祢！

但愿赐平安的神，就是那凭永约之血、使群羊的大牧人我主耶稣从死里复活的神，在各样善事上成全你们，叫你们遵行他的旨意；又借着耶稣基督在你们心里行他所喜悦的事。愿荣耀归给他，直到永永远远。阿们！（希伯来书 13: 20-21)

祷告：

祷告的得着：

附录

与青少年交往的
十个小贴士

在两代之间架设桥梁是一件极具挑战的甚至令人畏惧的事——无论你是什么年龄。所以，这里给出几个小贴士帮助你开始：

1. *为上帝恩待这个关系而祷告。* 圣经中我最喜欢的祷告之一，是当尼希米发现耶路撒冷的城墙倒塌城处于危险中的时候。在第一章中他想要做些事，并祷告祈求在波斯王面前蒙恩，祷告结束的时候他说："主啊，求你侧耳听你仆人的祈祷，和喜爱敬畏你名众仆人的祈祷，使你仆人现今亨通，在王面前蒙恩。"就像尼希米用祷告来遮盖他的关系，我们也应该这样开始任何新的关系。

2. *预备。* 收集一些关键的问题可以帮助你与你的学生交往。提问是一个最好的沟通工具之一，提问合

适的问题对你寻求更了解你的学生是无价的。你必
须真诚地关心你为之祷告的年青人的生活，你必须
相信他们的故事和他们拥有的信息是有意义、值得
花时间了解的。要更好地了解你的学生，你要预备
做一个聆听者。

3. *好问题具有能力。* 大部分跟你的学生接触的时间
会是短暂的，所以你要尽可能的最大程度利用你们
在一起的时间。提出那些能够打开对话沟通的好问
题。这类问题应该是容易回答、也不会让学生觉得
要给正确答案。例如，你可以问"周末退修会里你
喜欢那些部分？"而不是问"周末退修会里那部分
最好？"给学生更多的自由来回答更多和给出更多
信息，可以帮助对话更自然的展开。

4. *每次都问你要如何为他祷告。* 养成习惯问"这周
我要怎样为你祷告才是最好的呢？" 如果他们不
知道怎么回答，就问他们这周会有什么事情发生。
记得一定让他们知道你这周会用哪段经文为他祷告。

5. *建立关系需要时间。* 所以，当你在教会看到你的
朋友——问问他们这周过的怎样，让你们的友谊在
一年里按照它自己的节奏发展。
你可以告诉你的学生有任何祷告需求的时候可以联

系你。这样你向他们敞开了沟通渠道。如果你用脸书或其他社交媒体网站，我鼓励你不要主动加他朋友，等他们愿意的时候让他们主动。你的目的是自然的联接，不要让他们感到任何的不自在。

6. *祷告时要警醒。* 当你以圣经为你的学生祷告的时候，记下上帝让你想到的事情，写一个简短的便条用这段经文鼓励他们。

7. *肯定你的学生！* 在谈话中寻找自然的方式鼓励他们，注意观看上帝正在他们生命中如何工作，肯定你所看到正面的事情。随着时间的推移，让他们知道你看到他们成长的方面。

8. *收集故事。* 想想上帝曾经如何透过他的话语和他的子民在你生命中工作。收集你在你生活中遇见上帝的故事。想想你如何看见上帝在你生活不同阶段的信实工作。当你的友谊增长，上帝会开路让你能够分享你的故事。这是非常清楚的方式成就诗篇71：17-18：

神啊，自我年幼时，你就教训我；直到如今，我传扬你奇妙的作为。神啊，我到年老发白的时候，求你不要离弃我！等我将你的能力指示下代，将你的大能指示后世的人。

9. *与其他祷告支持者一起祷告。* 当你跟随指南祷告
    时，考虑跟你的学生的其他几位祷告支持者一起。
    这会让你们彼此激励为这个年青人一起同工。上帝
    会祝福一起祷告的人。愿主喜悦并祝福所有为下一
    代祷告的人。

10. *加入祷告支持者的共同体！* 上网
    www.prayformecampaign.com 注册，可定期收到
    关于有效自然地与年青人交往的小贴士。

www.ingramcontent.com/pod-product-compliance
Lightning Source LLC
LaVergne TN
LVHW051415080426
835508LV00022B/3090